艺术与技艺考丛书

楚木胎漆古乐器制备工艺研究

王灵毅 ◎ 著

长江出版传媒
湖北美术出版社

本书为2016年度教育部人文社会科学研究项目（规划基金项目）"楚木胎漆古乐器制备工艺研究"（16YJA-760038）的最终成果。

基金资助：2016年度教育部人文社会科学研究项目（规划基金项目）"楚木胎漆古乐器制备工艺研究"（16YJA-760038）

序言

在历史的长河中，楚文化以其独特的魅力和深厚的底蕴，成为中华古代文明中不可或缺的重要组成部分。楚木胎漆古乐器，作为音乐与工艺结合的典范，不仅承载了先民的智慧与情感，更是中华传统音乐文化宝库、中国传统工艺美术中的瑰宝。《楚木胎漆古乐器制备工艺研究》即是对这份宝贵文化遗产深入探索与传承的尝试。

本书基于楚地丰富的历史文化资源，广泛搜集并细致梳理历史文献，结合考古学、音乐学、工艺美术学等多学科交叉的研究方法，系统考察了楚木胎漆古乐器的起源、发展、演变过程及其制备工艺的精髓。我们深知，每一件古乐器都是历史的见证者，蕴含着制作工艺的智慧和丰富的文化信息。因此，本书不仅致力于还原楚木胎漆古乐器制备过程的每一个环节，更力求揭示其所蕴含的文化内涵。

在制备工艺方面，楚木胎漆古乐器以其选材考究、制作精良而著称。本书深入剖析木材的选择与处理、胎体的成型与修饰、漆层的髹饰与研磨等关键步骤，展现了古代工匠的精湛技艺与卓越创造力；同时，通过现代科技手段，如化学分析、物理检测等，对古乐器的材质、结构、工艺特征进行科学分析，为传统工艺的现代传承与创新提供科学依据。

此外，本书还关注楚木胎漆古乐器在音乐史上的地位与影响，探讨其在古代音乐演奏、社会文化生活乃至文化交流中所发挥的重要作用，以期增进人们对楚文化及中华传统音乐文化的理解与认识，更为当今音乐创作、乐器制造乃至文化遗产保护提供有益的借鉴与启示。

综上所述，《楚木胎漆古乐器制备工艺研究》是一项集学术性、文化性与实用性于一体的综合性研究课题。我们期待通过本书，能够为推动中华优秀传统文化的传承与发展贡献一份力量。

中国文联副主席
中国民间文艺家协会主席
潘鲁生

目录

绪论 ··· 001
  一、楚国历史与楚漆艺术 ··· 003
  二、楚人精神与楚漆乐器 ··· 017

第一章 楚木胎漆乐器出土总况 ·· 027
  一、曾侯乙墓出土楚木胎漆乐器总况 ······························· 033
  二、九连墩楚墓出土楚木胎漆乐器总况 ···························· 056

第二章 楚木胎漆乐器的美学特征 ·· 067
  一、楚木胎漆乐器的本体美 ·· 070
  二、楚木胎漆乐器的审美内涵 ······································· 085
  三、楚木胎漆乐器的艺术风格 ······································· 091

第三章 楚木胎漆乐器制备工艺流程 ·· 095
  一、楚木胎漆乐器复制工艺总况 ···································· 097
  二、经典楚木胎漆乐器的复制流程 ································· 120

第四章 楚木胎漆乐器工艺的保护与传承 ···································· 157
  一、保护楚木胎漆乐器工艺的意义与措施 ························· 159
  二、楚木胎漆乐器工艺的传承方式 ································· 171

参考文献 ·· 186
后 记 ·· 190

绪论

楚国，作为春秋战国时期熠熠生辉的诸侯国，以其辽阔的疆域和雄厚的实力，与齐、燕、韩、赵、魏、秦共同构成了战国七雄的壮丽画卷，并展现出独特的魅力。历经数百年风雨沧桑，楚国先人们以筚路蓝缕的坚忍精神，披荆斩棘，开疆拓土，书写了一部傲视群雄的辉煌史诗，铸就了璀璨夺目的荆楚文明。

荆楚文明，这一融合了神秘与浪漫、诡谲与瑰丽的独特文化形态，如同一条源远流长的河流，滋养着荆楚的每一寸土地和每一个子民。它影响深远而广泛，不仅深深烙印在楚人的血脉之中，更成为中华民族文化宝库中的一颗璀璨明珠。在这片充满魅力的土地上，楚地文学、楚地音乐、楚地造物等或外显于形，结成一树树丰硕的文明成果；或内化于心，成为楚人精神世界的重要组成部分。

在楚文学的殿堂里，楚辞以其独特的艺术魅力和深邃的思想内涵独领风骚。作为楚地文学的代表体裁，楚辞以瑰丽的辞藻、丰富的想象和浓郁的地方色彩，展现了楚人对于自然、生命和宇宙的深刻感悟与独特理解。屈原的《离骚》、宋玉的《九辩》等经典之作，更是楚文学的巅峰，被后人传颂不衰。

而在楚地造物的世界里，楚漆艺术以其卓绝的髹漆技艺、华丽神秘的色彩而独步天下。楚漆器作为楚地造物技艺的杰出代表，不仅展现了楚人高超的手工艺水平和独特的审美追求，更成为楚地文化的重要载体和象征。楚漆器的雕刻技法精湛细腻，髹漆技艺更是达到了炉火纯青的地步。那些色彩斑斓、图案繁复的漆器作品，不仅具有极高的艺术价值，更蕴含着丰富的文化内涵和历史信息。

楚漆的诞生、发展、繁荣与楚文化及其根植的土地息息相关。楚国的地理位置得天独厚，自然资源丰富多样，为楚漆工艺的发展提供了优越条件。同时，楚地的风土人情和边域变迁也深刻地影响着楚漆工艺的传播和演进。在长期的历史发展过程中，楚漆工艺不断吸收和融合中原文化以及其他地区的文化元素，形成了独具特色的楚地风格。这种风格不仅体现在楚漆器的造型、色彩和装饰手法上，更体现在楚人对于美的追求和对于生活的热爱之中。

综上所述，楚国作为春秋战国时期的重要诸侯国之一，疆域辽阔，实力雄厚，文化灿烂。荆楚文明作为传统文化的核心组成部分之一，以其独特的魅力和深远的影响成为中华民族文化宝库中的瑰宝。而楚地造物作为荆楚文明的重要表现形式之一，以其卓越的艺术成就和深厚的文化内涵赢得了世人的广泛赞誉和高度关注。

一、楚国历史与楚漆艺术

1. 楚国的疆土与自然资源

（1）楚国疆域变迁

荆楚的"楚"，不仅仅是单纯的民族概念，也涵盖了"楚国"的国家概念和地域概念。楚国自建立之初便不断拓展疆域，从最初的"子男五十里"之地，历经数百年，逐渐发展成为"地方五千里"的南方大国。

楚先祖以南阳盆地为发祥地，后南迁江汉地区。《墨子·非攻下》记载："昔者楚熊丽始讨此睢山之间。"又据《左传·昭公十二年》："昔我先王熊绎，辟在荆山。"建国之初，楚人在睢山和荆山之间筚路蓝缕，开垦山林。约一个半世纪后，趁周夷王时中原动乱之机，楚国国君熊渠大肆征讨蛮夷，拓展疆土，击败庸、扬越，占领鄂，并封三子于楚蛮之地，楚国国力开始由弱转强，势力发展到鄂西北堵河流域和鄂东南一带。

此后楚武王、文王、成王时期，楚国疆域向北、向东急剧扩张，势力范围东至淮泗地区，成为邦畿千里的大国。至楚庄王时，楚国国力进入鼎盛期，疆域进一步向西和西南拓展，势力范围达到洞庭湖以南、五岭一带。随着楚国疆域的不断扩张，其文化也影响到淮南之地甚至东部沿海地区，楚国因而成为长江流域文化的集大成者。在此过程中，楚文化也吸收了各地文化的优点，变得极具多元性和包容性。

自楚共王以后，楚国国力逐渐由盛转衰。直至战国初期，楚悼王依靠吴起变法，重新建立起强大的军事与经济实力。至楚宣王、威王时期，楚国国力达到战国时期最盛局面，其势力范围西起大巴山、巫山、武陵山，东至大海，南起南岭，北至今河南中部、安徽和江苏北部、陕西东南部、山东西南部，幅员广阔。

到了战国后期，楚国国力趋于衰败，内忧外患，终致灭亡。楚国虽亡，但它那特色鲜明、内涵深厚的楚文化影响深远，光耀秦汉，照铄古今，成为中华民族一朵历久而弥新的奇葩。[1]

---

1 郑威、易德生：《从"楚国之楚"到"三楚之楚"：楚文化地理分区演变研究》，《江汉论坛》2017年第4期，第115—120页。

（2）楚国的自然资源

楚国地域辽阔，自然资源丰富。楚地湿润多雨，光照充足，适宜农业生产。同时，境内平原与低矮丘陵众多，开发难度小，生活居住条件优越。而且河流汊港湖泊遍布，有利于水运交通的发展。

楚国人民充分利用这些自然资源，大力发展农业、手工业和商业。在大面积种植粟米、水稻等粮食作物，增加粮食储备的同时，楚人对铁器的应用也大大提高了生产效率，促进了农业生产的发展；此外，他们还注重兴建堤防和灌溉工程，进一步提升了农业生产的稳定性和可持续性。

在手工业方面，楚国以精美的青铜器、漆器、丝绸等闻名于世。这些手工艺品促进了楚国与其他国家的经济文化交流，其中尤以漆器为最。

中国是世界上最早制作漆器的国家之一，《诗经·鄘风·定之方中》记载："定之方中，作于楚宫。揆之以日，作于楚室。树之榛栗，椅桐梓漆，爰伐琴瑟。"[1] 显示了我国制作漆器源远流长的历史。而荆楚地区则是中国古代漆器的重要发源地。荆楚漆器以其独特的材料、精湛的工艺和丰富的文化内涵，在中国古代工艺美术史上占据举足轻重的地位。打造精美漆器离不开优质的木材与上等的漆料。楚地拥有得天独厚的水土资源——临浩浩长江，近悠悠汉水，靠三峡崇岭，接百里洞庭，这为水杉、楠木、漆树等树木提供了绝佳的生长环境。丰富的林木资源也为制作优质的漆器木胎创造了良好的条件。

漆的主要原材料是漆树。漆树适宜生长在背风向阳又湿润的环境之中。就温度来说，利于其生长的年平均气温以13℃左右为宜，最冷月的平均气温以2.5℃～5℃为宜；就湿度来说，其生长环境的年雨量以750～1200毫米，相对湿度在70%以上为宜。疏松、肥沃、湿润、排水良好的砂质壤土最适合漆树生长。荆山以南，长江三峡、汉水流域的气候温暖潮湿，正适合漆树生长，因此成为楚国漆树的核心产区。

（3）荆楚文化

"荆楚文化"，因楚国和楚人而得名，是中国古代在江汉地区兴起的一种地域文化。它根植于古代楚国的广阔疆域，历经数千年传承与发展，形成了独具特色的文化体系。其涵盖范围大致相当于现今的长江中游地区，以湖南、湖北为核心，辐射至周边省份。

---

1 周振甫译注：《诗经译注》，中华书局，2010，第66页。

荆楚文化的内涵丰富多样，博大精深。就人文精神而言，荆楚文化强调坚忍悍勇、不屈不挠的精神品质，以及兼容并蓄、海纳百川的开放心态；在美学意境方面，荆楚文化以空灵美、夸张美、线条美等美学特征著称。

荆楚文化的形成与发展与楚国疆域变迁和自然资源利用密切相关。在利用和改造自然资源的过程中，楚人创造了丰富的物质文明和精神文明成果，为后世留下了宝贵的文化遗产。

2. 楚漆艺术发展概述

（1）河姆渡的漆艺起源

中国漆器的历史可以追溯到新石器时代晚期，已有数千年的历史。早期漆器多为木胎或竹胎，表面涂以天然漆料，既美观又实用。随着社会的发展和技术的进步，漆器的制作工艺逐渐完善，器型也日益丰富多样。荆楚地区作为中国古代漆器的重要产地之一，其漆器工艺在战国时期已达到高超水平，不仅数量众多、品种齐全，而且制作精良、艺术价值极高。

作为中国漆艺发展史上的重要节点，楚漆工艺的出现既得益于楚国文化的孕育，也离不开整个先秦时期鼓励漆艺发展的政治文化氛围，所以在研究楚漆工艺的起源时，须将其置于整个漆艺发展的宏大历史背景之中。

"舜禅天下而传之于禹，禹作为祭器，墨染其外，而朱画其内。"[1]《韩非子》中，对于远古时期作为祭器与食器使用的漆工艺品已有记载。直到20世纪70年代，河姆渡一盏红漆木碗（图1）正式出土之后，这一记录才有了现实的映照。这个木碗覆盖着一层漆膜，漆膜里面含有调色剂朱砂的成分。人们还在河姆渡遗址发现了刻有双凤朝阳纹的骨匕柄和双头日鸟纹的象牙（图2、图3），双凤与双头鸟的图腾形象反映了早期原始居民对于自然形象的物化和朴素的宗教崇拜。

图1　河姆渡红漆木碗

---

[1] 王先慎：《韩非子集解》，中华书局，1998，第71页。

图 2　河姆渡文化双凤朝阳纹骨匕柄纹样示意图

图 3　河姆渡文化双头日鸟纹象牙雕刻纹样示意图

图 4　祝融像

从图腾崇拜来讲，楚人与中原各国的巫鬼祭祖传统不同，有着自己典型的动物图腾：崇凤为首，尊龙其次。楚人崇凤的历史悠久，文献记载丰富。《楚辞》中频繁出现凤的形象，如"凤凰翼其承旗兮，高翱翔之翼翼"[1]等诗句，展现了楚人对凤的热爱。

楚人崇凤，首先源于其图腾崇拜和祖先崇拜。据《史记·楚世家》记载，楚人视三皇五帝时期火正祝融为祖先。《白虎通·五行篇》中提到"祝融者，其精为鸟，离为鸾"，这里的鸾即为凤。（图4）在楚人的信仰中，凤是至真、至善、至美的化身，象征着美丽、自由和神圣。凤在楚人的心目中占据了极高的地位，成为他们顶礼膜拜的图腾。

楚人对凤的崇拜不仅体现在信仰层面，还深深融入他们的文化和艺术之中。在楚国的青铜器、漆器、玉器、丝织品等出土文物上，凤鸟纹是常见的装饰图案。这些凤鸟纹饰形态各异，线条流畅，色彩鲜艳，展现了楚人高超的艺术造诣和独特的审美追求。特别是楚国的漆器工艺，更是将凤鸟纹饰的美发挥到了极致，使其成为楚国漆器的代表纹饰之一。

---

1 董楚平译注：《楚辞译注》，上海古籍出版社，1986，第33、34 页。

楚人崇凤的习俗不仅影响了楚国的社会生活和民俗风情，还对中国传统文化产生了深远的影响。在楚国的社会中，凤被视为吉祥、幸福的象征，广泛应用于各种庆典和仪式活动中。同时，楚人还以凤喻人、以凤喻己，表达了对美好品质和崇高理想的追求。这种习俗和观念逐渐融入中国传统文化之中，成为中华民族共同的文化遗产。

从色彩审美来讲，楚人在审美观念上也有着独特的追求。他们喜欢鲜艳、热烈的红色，认为其能够代表生命的活力和繁荣。红色也成为楚人在装饰艺术方面进行情感表现的首选颜色。楚人尚红，首先与其历史文化背景密切相关。楚人自认为是火神的后嗣，对火神祝融有着深厚的信仰。红色不仅是火的象征，也代表了光明、温暖和生命的力量。这种信仰使得红色在楚人的心目中占据了极高的地位。楚人尚红的具体表现多种多样。在楚人的日常生活中，红色被广泛应用于服饰、建筑、器具等各个方面。在服饰方面，楚人喜欢穿红色的衣服，认为这能够彰显自己的魅力和气质。在建筑方面，楚国的宫殿、庙宇等建筑也常常使用红色作为主色调，以营造庄重、威严的氛围。在器具方面，楚人制作的漆器、陶器等手工艺品也常常采用红色进行装饰和点缀。楚人热衷于使用红色来装饰自己的生活环境，以表达对生活的热爱和对未来的憧憬。

楚人尚红甚至对社会造成影响。在楚国的社会中，红色往往被赋予尊贵的象征意义。贵族和上层社会人士通常更喜欢使用红色来展示自己的身份和地位。同时，红色也常常被用于重要的仪式和庆典活动中，以营造热烈、喜庆的氛围。这种社会功能使得红色在楚国的社会中具有了更加广泛的影响力和应用价值。（图5）

楚人尚红的习俗对后世产生了深远的影响。它不仅影响了中国古代的色彩观念和审美标准，也为中国传统文化的多样性增添了独特的色彩。在现代社会中，红色仍然是中国人心中最重要的颜色之一，被广泛应用于各种场合和领域。这种传承和发展体现了中华文化的连续性和创新性，展示了中国人民对美好生活的向往和追求。

图5　严仓1号楚墓漆棺画中的舞者形象艺术再现

火神祝融的神话形象融合了凤鸟的图腾形象，它不仅是动物符号与色彩美学的有机结合，也是文化内涵和审美价值的天然融合。祝融信仰是楚人对太阳和凤图腾虔诚信仰的体现，这是文化上与河姆渡文化的共同之处。

河姆渡文化和楚文化都存在着浓厚的原始宗教和图腾崇拜现象。在两种文化中，人们都通过祭祀、图腾舞蹈等形式来表达对自然界神灵的敬畏和祈求。无论是楚人还是河姆渡人，他们都生活在生产力相对低下的时期，对自然界的认识和解释能力有限。因此，他们都对自然界中的强大力量如太阳、火等抱有敬畏之心，并通过各种仪式和祭拜活动来祈求这些力量的庇护和恩赐。

学者胡厚宣在《楚民族源于东方考》中提出，楚民族实为殷民族的一个分支，从东部沿海地区迁入南方地区。楚人和殷人皆崇拜太阳且相信鬼神之说，文化上有一定的连续性。因而，战国时期的楚秦争霸颇有一种东西对抗的意味。他还指出，出于受到周人压迫和气候的原因，楚人渐向南迁，至于江汉流域。从图6和图7中可以分别了解河姆渡遗址与楚国的地理位置。

深入探讨楚文化与河姆渡文化之间的深厚纽带，我们不难发现，一枚七千年前由勤劳勇敢的先民精心制作的漆碗，犹如一颗璀璨的明珠，镶嵌在中华文明的历史长河之中。这不仅是目前考古发现中年代最早的漆器之一，更是楚文化与河姆渡文化相互关联的不可多得的实

图6　新石器时代文化遗址

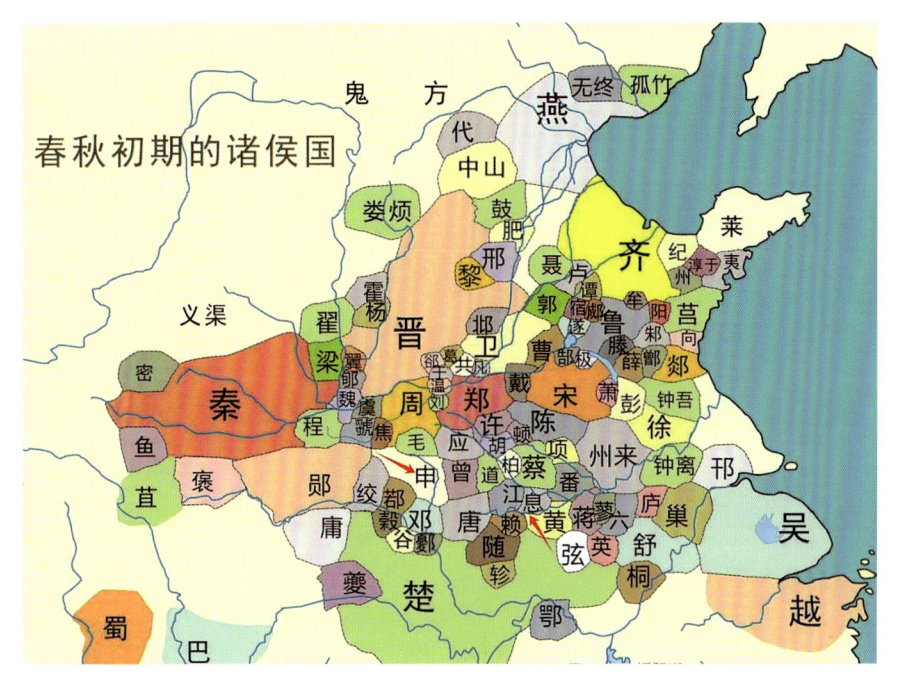

图7　楚国地域地图

物证据。

　　这枚漆碗，以其独特的色彩偏好和蕴含的宗教信仰，向我们展示了新石器时代先民们的审美追求和精神世界。那鲜艳的红色，充满了生机与活力，不仅展现了先民们对自然的热爱与敬畏，也预示着楚文化中那如火如荼的激情与创造力。漆碗上所刻画的神秘图案，仿佛是远古先民们与神灵沟通的桥梁，透露出一种质朴而深沉的宗教信仰。

　　当我们把目光投向楚文化时，不难发现，这枚漆碗所承载的精神与信仰，在楚人的漆文化中得到了淋漓尽致的展现。从战国时期的漆器到汉代的漆画，楚人的漆工艺不断发展，形成了自己独特的艺术风格。而这一切的源头，都可以追溯到那枚七千年前的新石器时代漆碗。楚漆文化，不仅仅是技艺的传承，更是精神的延续。那热烈的红色，不仅仅是色彩的选择，更是楚人热情奔放、敢于创新的性格写照。在楚人的漆器中，我们可以看到他们对自然的敬畏与崇拜，对生命的热爱与珍惜。同时，楚漆文化也充满了野蛮、感性和天然的原始审美特征，这些特征在楚人的艺术作品中得到了充分的体现。

　　作为南方文化的代表之一，楚文化以其独特的地域特色和民族风情而著称。在楚文化的熏陶下，楚人形成了自己独特的审美观念和价值追求。他们崇尚自然，追求自由，勇于探索未知的世界。这些精神特质在楚人的日常生活中得到了充分的体现，也深刻地影响了楚人的艺术创作和文化传承。

河姆渡文化，作为长江流域史前文明的杰出代表，同样为我们揭示了先民们的智慧与创造力。在河姆渡遗址中，我们发现了大量的石器、骨器、陶器和木构建筑等遗物，这些遗物不仅展示了先民们的生产生活方式，也揭示了他们独特的宗教信仰和文化传统。河姆渡文化的辉煌与神秘，让我们对长江流域的史前文明有了更加深入的了解和认识。

（2）商周时期的楚地漆艺

商周时期，中国社会正处于从青铜时代向铁器时代的过渡阶段，社会生产力逐步提高，文化艺术也迎来了繁荣发展。楚地的社会文化深受中原文化及南方地区自然环境的影响，形成了独特的风格。商周时期最重要的器物，非青铜器莫属。青铜器作为维护统治最重要的礼器，被广泛用于祭祀仪式。不过，由于成本昂贵、工艺繁复，青铜器的替代品逐渐出现，一种新的造物样式逐步以流畅的线条、明快的色彩而崭露头角，那就是漆器。在这一时期，楚漆工艺作为楚地文化的代表之一，得到了长足的发展。

由于地处沟通南北的中间位置，楚地成为多种文化杂交融合的天然土壤，受到中原文化影响的楚人认为炎帝和黄帝是他们的先祖。[1] "楚之先祖出自帝颛顼高阳。高阳者，黄帝之孙，昌意之子也。高阳生称，称生卷章，卷章生重黎。重黎为帝喾高辛居火正，甚有功，能光融天下，帝喾命曰祝融。"[2] 这里提及的黄帝之孙、昌意之子祝融是楚人原始信仰中的主神。夏商之际，芈姓季连部逐渐南迁至荆楚地区，为楚国的建立打下基础。由于经济和军事实力相差悬殊，季连部被商王朝征伐打击后选择臣服，他们在向其进贡的同时韬光养晦，以求在未来有所发展。在综合实力得到极大提高之后，楚地先民不再隐忍商王朝的剥削压迫。今武汉北部黄陂军事据点盘龙城与殷墟卜辞关于"雀亡祸在南土"的文字记载，是商王朝对荆楚征战及楚人奋起反抗的证明。纷争带来的物资交换，从客观上促进了双方的经济文化交流。在此过程中，楚人学习了代表当时生产力最高水平的商王朝的先进技术，并了解到十分不同的商王朝文明成果。在此基础上，楚人结合当地的地理特色、地域文化和民俗民风，创造性地将北方文化与南方文化杂糅，形成具有折中色彩却不失地域特色的楚地文化。

楚人在与北方中原文化的交流过程中，不断吸收其先进的思想、制度和艺术成果，同时保留了自己的地域特色和文化传统。在思想方面，楚人既接受了儒家的仁爱、礼制思想，又

---

1 蔡靖泉：《炎帝·颛顼·祝融——楚人始祖论》，《江汉论坛》2014年第12期，第77—81页。
2 司马迁：《史记·楚世家》，中华书局，1982，第2039页。

融合了道家的自然、无为哲学。这种思想的融合使得楚文化在注重伦理道德的同时，也具有了一定的开放性和包容性。在制度方面，楚人借鉴了中原地区的政治制度和社会组织方式，如分封制、宗法制等。同时，他们也结合自己的实际情况进行了创新和发展，形成了独具特色的政治体系。在艺术方面，楚人将北方文化的严谨与南方文化的浪漫相结合，创造出了独具特色的艺术风格。例如，在漆器、音乐等领域，楚人都展现出了高超的艺术造诣和独特的审美追求。

商周时期，人们普遍信仰多神教，楚地的宗教信仰也不例外。这种宗教信仰在楚漆器的纹饰中得到了充分体现。例如，漆器上常见的龙、凤、云纹等图案，既具有装饰性，又蕴含着丰富的文化内涵和宗教意义。

商代楚漆器以沉重厚实、庄严肃穆为特色。我国商代早期和晚期均有漆器出土，其中早期器物以河南偃师二里头遗址和河南安阳小屯墓出土的漆器为代表；晚期器物以河南罗山县天湖墓出土的漆器为代表。这些出土漆器有些是漆器残片，因为年代久远，底胎已经腐朽，但上面的精美花纹得以保留。在青铜为尊的商代，受其影响的漆器也明显带有青铜文化的印迹。木胎雕花和镶金嵌玉等工艺突出了器物的豪华感。在漆器发展前期，装饰纹基本继承了青铜器的纹样形制，多以饕餮纹、夔龙纹、云雷纹为主。

许多楚墓出土有商代风格的漆器，例如同中原艺术风格相似、受青铜鼎器影响的云纹漆鼎（图8）。又如江陵雨台山楚墓出土的一具漆瑟（图9），表面装饰纹样是融合商代中原云雷纹样式的几何云纹，同楚地纹样风格既有联系又相区别。这些器物反映出商文化与楚文化融合的趋势。

商朝末年，周祖迅速崛起。楚先祖鬻熊在对时局进行了理性的分析之后，选择投靠"西伯"周文王的阵营。周成王时，熊绎受封为诸侯，在与周王朝和其他诸侯国保持良好关系的同时，奋力发展楚国国力。楚灵王曾如是评价楚国始封君，显示出后者的韬光养晦："昔我先王熊绎，辟在荆山，筚路蓝缕，以处草莽，跋涉山林，以事天子，

图8　云纹漆鼎

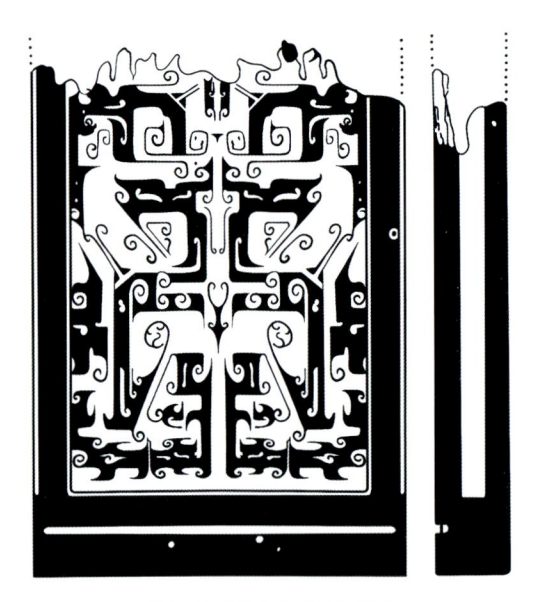

图 9　江陵雨台山楚墓的漆瑟

唯是桃弧、棘矢，以共御王事。"[1] 楚国与周王朝和谐友好的关系并不持久，在周昭王统治期间，双方发生了较大规模的流血冲突。《竹书纪年》详细记载了周昭王对荆楚发动的三次大规模战争，并先后因"伐楚，涉汉，遇大兕""天大曀，雉兔皆震，丧六师于汉"等一系列具有神秘色彩的遭遇而以失败告终。[2] 自此以后，西周越发衰微，楚国越发强盛。

西周时期的漆器纹样主要沿袭了商代漆器的纹样传统，并未有明显突破；西周时期的漆器，较商代漆器更为华丽轻盈，由此可见西周漆器在工艺上开始更为注重对昂贵材料的加工和使用。西周的镶嵌与雕刻技艺对楚国漆器产生了一定影响，例如战国时期的彩漆木雕小座屏（图 10 ~ 图 12）就广泛运用了镶嵌工艺与彩雕工艺。而此前镶金嵌玉的豪华风格也继续发展，出现了蚌泡镶嵌工艺的漆制器具（图 13）。

图 10　楚国彩漆木雕小座屏正立面

---

1 左丘明：《春秋左传集解》，杜预集解，李梦生整理，凤凰出版社，2020，第 658 页。
2 郝懿行著，安作璋主编：《郝懿行集·竹书纪年校证》，齐鲁书社，2010，第 3888 页。

图 11 楚国彩漆木雕小座屏底面

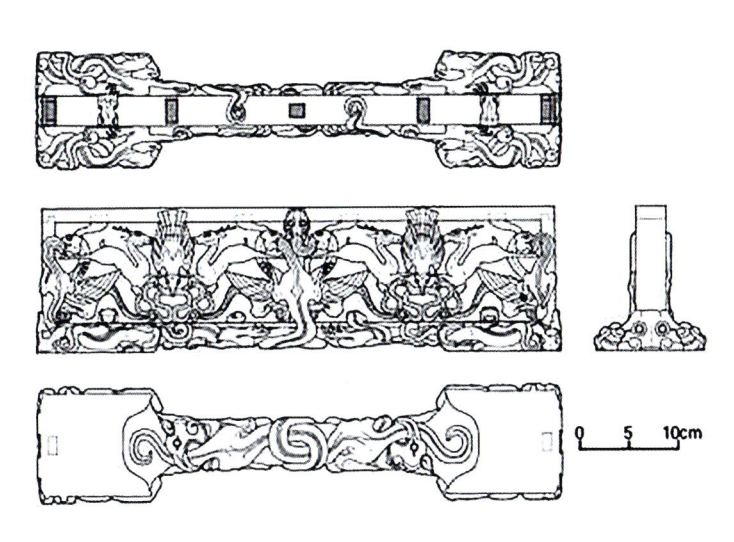

图 12 楚国彩漆木雕小座屏纹饰示意图

图 13 北京琉璃河西周墓出土漆器

西周时期的楚国受到中原地区思想文化的影响，楚国漆器吸收了周王朝漆器装饰技法、制作工艺优点，形成相对独立的风格样式。这种变化是对楚国漆器制作技艺、装饰手法和装饰纹样的补充和丰富，也在客观上促进了中国传统髹漆技艺的融合与传承。楚国漆器融合了中原地区文明、苗裔蛮族文化和南方地域文化，本身以彩绘工艺见长，有别于中原青铜纹样的沉稳而方正的特性，更多通过线条化的表现形式，结合错金银、鎏金在内的多种制作工艺，构筑出楚人神秘浪漫、奇幻诡谲的鬼神世界观和热烈的生前世界形象。同饕餮纹盛行的商朝和西周早期或庄重或狞厉的艺术风格迥异，其艺术样式洋溢着清新隽逸的特性，体现出楚地生民轻快生动而不乏热情的生活气息。

楚漆工艺作为楚国文化的代表之一，在与其他诸侯国的文化交流中发挥了重要作用。通过贸易、战争和外交等渠道，楚漆器被传播到各地并与其他地区的文化相融合，促进了古代中国文化的多元化发展。

（3）春秋战国时期的楚漆工艺

春秋战国时期，随着铁器的广泛应用和木器制作的简化，漆器工艺得到了迅猛发展。荆楚地区的漆器以其轻盈的质地、艳丽的色彩和精美的装饰而闻名于世。这一时期的漆器不仅广泛应用于日常生活领域，还成为贵族阶层彰显身份和地位的重要象征。

春秋战国时期，礼乐崩坏之势一发不可收拾，曾经牢不可破的分封制王朝联盟也随着各霸主争相称王而支离破碎，此时工艺不再受礼制和权力的限制。精神的解放促进了工艺美术的发展，造就了百花齐放的繁荣局面。在礼乐崩坏的背景下，象征至高无上的周王权力的钟、鼎等重器跳出原有的等级框架，成为崛起的各个诸侯国君主竞相铸造的对象。由于地域文化不同，钟与鼎的纹样和器型也显示出迥异的风格特征。相对于在中原地区广受青睐、代表权力与法度的鼎，楚国则更偏重彰显地位尊贵的钟。以湖北随县擂鼓墩曾侯乙墓出土的曾侯乙编钟为例，整套钟的乐制依据楚律进行定音定调，其中有一座楚王熊章赠予曾侯乙的镈钟，是其中体量最大的钟（图14）。从体量与排布位置来看，我们可以明显地看出两者等级的差异和地位的悬殊，楚国与曾国的主属关系一目了然。

图14　楚王熊章赠予曾侯乙的镈钟

图15　楚武王熊通像

文化思想的解放往往带来政治追求的变化。公元前704年，熊通（图15）公然对周国的统治地位发起挑战，僭号称王，自立为楚武王。"吾先鬻熊，文王之师也，蚤终。成王举我先公，乃以子男田令居楚，蛮夷皆率服，而王不加位，我自尊耳。"[1] 作为在春秋时期第一个僭越称王的诸侯国，楚国奏响了周王朝的亡国之声，也为一个百花齐放、百家争鸣的新舞台奏响了序曲。

战国前期，楚国疆域极速扩张，政治地位在整个中原地区上升，国民精神愈发活跃，从经济、政治、文化等角度将楚漆艺术推向全面发展的高潮。这体现在两个方面。一方面，楚漆艺术涉及的诗词歌赋、巫鬼祭祀等主题增多。另一方面，漆器的表现形式更加多变：器型种类增多，纹饰加工和纹饰组织能力提升；色彩更加丰富，表现力得到提升。凤鸟双连杯是其中的一个杰出范例（图16、图17）。双连杯嵌银八处，内髹红漆，外髹黑漆，凤翅凤尾处以堆漆手法将杯身浮凸而出，应用纹饰类型包括云纹、凤鸟纹、波浪纹、圆圈纹等。整个杯具繁复华贵，精美异常，足以体现当时楚国漆器工艺的高超水准和绝佳的审美意识。

图16　凤鸟双连杯

图17　凤鸟双连杯俯视视角纹样示意图

---

[1] 司马迁：《史记·楚世家》，中华书局，1982，第1695页。

春秋战国时期，为了躲避战乱，大量工匠迁徙，这在客观上促进了工艺的融合与发展。

一方面，楚国有百工制度，拥有"国工"和"工奴"两类庞大的从事制造工作的团体。"可规、可万、可水、可县、可量、可权也，谓之国工"[1]；工奴则与奴隶的身份类似，是国工的补充力量。另一方面，战争中流向楚国以寻求庇佑的工匠不仅提高了楚国工艺的制作水平，也扩展了楚国工艺制造的广度。《越绝书》中的楚王"令风胡子之吴，见欧冶子、干将，使之作铁剑"[2]，体现了楚国对外来工匠人才的重视。《史记·范雎蔡泽列传》中的秦昭王"闻楚之铁剑利"[3]，从侧面印证了楚国的工艺水平。此时工匠精神融入漆器和乐器的制备之中，产生了多姿多彩、活泼实用、寓意深刻的工艺品。

---

1 孙诒让：《周礼正义·冬官考工记》，中华书局，2013，第3178页。
2 李步嘉：《越绝书校释》，中华书局，2018，第302页。
3 司马迁：《史记·范雎蔡泽列传》，中华书局，1982，第2418页。

二、楚人精神与楚漆乐器

1. 楚人的精神世界

（1）自由浪漫

楚人信巫鬼，重淫祀，巫祝文化在南方的影响力一直保持到了汉代。充满浪漫激情、保留着远古传统的南方神话，与楚地的祭神歌舞一起，构成了南方文化的浪漫体系。楚地的巫祝文化崇尚多元崇拜，祭祀对象繁多，造就了色彩斑斓的神话世界。这些神话传说和祭祀活动，为楚辞等文学作品提供了丰富的素材和灵感，使得楚文化充满了浪漫色彩。

楚国人自由浪漫的特点在其社会风气、文化习俗、艺术创造和文学作品等多个方面有所体现。楚辞是中国古代浪漫主义文学的瑰宝，其风格深受楚人、楚地浪漫色彩的影响。屈原的作品如《离骚》《天问》《九歌》等，都充满了浪漫主义的想象和表达。他借鉴楚地神话，描绘了丰富多彩的神话世界和奇幻的自然景象，表达了强烈的愿望和感情。楚辞中的想象是超现实的，却真实地反映了楚人的内心世界和浪漫情怀。

楚人的这些精神特质表现在其艺术作品中，往往呈现奔放、跃动、飘逸的浪漫主义气质，充满了无拘无束的想象和浪漫情怀。如楚墓中出土的漆器、青铜器等，其造型奇特、纹饰繁复、色彩绚丽，体现了楚人卓越的创造才能和艺术智慧。"一方水土养一方人"，这种浪漫精神品质的形成与当地的山山水水、人文情怀、社会生活不无关系。

刘师培在《南北文学不同论》中指出，因地理环境不同，中国南北两地文化迥异，"大抵北方之地，土厚水深，民生其间多尚实际；南方之地，水势浩洋，民生其际多尚虚无"[1]。楚地的江汉地区、南阳盆地和淮河江南等地水系庞大，河流、山川、平原和盆地的交织使得其天气多变，物种繁多，独特的温带气候和优越的地理环境潜移默化地塑造着楚人自由浪漫的精神气质。其中，"华中屋脊"神农架傲视群雄，其宏伟壮阔的景象令人胸襟舒展；"地球最美伤痕"恩施大峡谷，其险峻奇特的喀斯特地貌令人浮想联翩；"天下第一仙山"武当山兼具秀美与雄壮之特质，其神秘清幽的氛围摄人心魄……楚地的氤氲湖泊与秀丽山林，既怡情养性，也为先民提供了丰富的想象空间。

---

[1] 刘师培：《刘师培清儒得失论》，吉林出版集团股份有限公司，2017，第225页。

《楚辞》中的诸多诗句展现了楚人"一生不羁爱自由"的浪漫情怀。"与天地兮同寿，与日月兮齐光"[1]将人之自我无限放大，可与宇宙中的天地日月比肩，表现了"舍我其谁"的豪迈；"广开兮天门，纷吾乘兮玄云"[2]表达了不愿安居一隅，而愿乘龙驾凤、上天入地的不羁理想；"身既死兮神以灵，魂魄毅兮为鬼雄"[3]激情澎湃地赞颂了保家卫国的英雄，体现了对自由、对英勇精神的浪漫追求。自由浪漫是楚人精神世界的核心，其精神世界的其他侧面皆建立于这种洒脱气质的基础之上。

（2）开拓进取

"筚路蓝缕，以处草莽，跋涉山林，以事天子，唯是桃弧、棘矢，以共御王事。"[4]《左传》记载了楚地先民开疆拓土的故事。在被迫告别了中原的沃野之后，楚人踏上了南迁的路途。一路颠簸，披荆斩棘，他们最终于荆山扎根。这片土地山高林密，荆棘丛生，与中原肥沃的平原迥然不同。然而，楚人凭借着坚韧不拔的意志迎难而上，用勤劳的双手开拓着这片蛮荒之地。他们开垦草野，砍伐巨木，征服丘陵，最终将一块块荒芜的土地变成了肥沃的良田。

"路曼曼其修远兮，吾将上下而求索。"[5]屈原（图18）用短短一句诗，道尽了一生的追求与抱负。他渴望国家富强，人民安居乐业，并为此不懈努力。即使面对着政治上的黑暗，被流放到偏远地区，他仍然没有放弃自己的理想，而是"上下而求索"，积极寻求实现理想的道路。身为楚地翘楚，屈原继承了先民勇于探索、敢于征服的品性。这句诗也表达了诗人对自身价值的肯定，这来自楚人天生的自信和乐观的浪漫主义精神。他坚信自己的能力和价值，即使遭遇挫折，也绝不畏缩不前。这句话表达了屈原对理想的执着追求和不断探索的精神，也从一个侧面反映了楚人勇于探索、开拓进取的精神特质。楚人在面对未知和挑战时，总是能够保持一种积极向上的心态和勇往直前的勇气。

图18 屈原像

---

[1] 董楚平译注：《楚辞译注》，上海古籍出版社，1986，第135页。
[2] 同上，第58页。
[3] 同上，第77页。
[4] 左丘明：《春秋左传集解》，杜预集解，李梦生整理，凤凰出版社，2020，第658页。
[5] 董楚平译注：《楚辞译注》，上海古籍出版社，1986，第23页。

（3）不屈不挠

《史记》中载，当楚国君主熊渠公然封三子为王，周天子派人诘问时，熊渠答曰："我本蛮夷，不与中国之号谥！"[1]最初，楚人因弱小而不得不南迁至蛮荒之地，发愤图强，逐渐扩大自身的影响力，楚国最终成为春秋五霸、战国七雄之一。当楚国强大到他国无法再轻易欺侮和入侵时，楚王终于可以挺起腰杆说出"不与中国之号谥"的豪言壮语。

楚人的杰出代表屈原沉江而死，用实际行动践行了《离骚》中的诺言："亦余心之所善兮，虽九死其犹未悔。"[2]为了"美政"理想，屈原积极进行政治改革，力图使国家富强，百姓安居乐业。面对敌对势力的阻挠，屈原毫不退缩，最终以死明志。屈原的故事和他的诗歌，不仅体现了他的个人精神，也展现了楚人宁为玉碎、不为瓦全的刚烈性格和坚韧不拔、不屈不挠的民族精神。这种精神激励着楚人不断进取，从而创造了辉煌灿烂的楚文化，也留下了数不尽的英雄故事和动人传奇。

2. 楚乐与漆乐器

礼乐制度，作为中国古代社会独有的文化体系，自夏商时期萌芽，至周朝初期经周公旦系统化，形成了一套完整的礼乐文化体系。这一制度不仅规范了人际关系和社会行为，还深刻影响了政治、军事、宗教等多个领域。礼乐制度的起源可追溯至远古时期的祭祀仪式。在原始社会，人们通过祭祀、舞蹈等形式表达对自然和神灵的敬畏与崇拜。这些仪式不仅是群体交流的方式，也是情感表达和社会秩序维护的重要手段。随着社会的演进，祭祀仪式逐渐规范化、系统化，为礼乐制度的形成奠定了基础。周公旦在制定《周礼》和《乐经》时，强调了礼乐在社会治理中的重要作用。《礼记·乐记》载："乐者，天地之和；礼者，天地之序也。"[3]即乐是和谐的根本，礼是法律的基础。这一理念体现了礼乐制度的核心价值——通过礼仪和音乐的结合，实现社会秩序的和谐与稳定。

中国古代礼乐制度的思想深深植根于远古祭祀仪轨、宗法制度与儒家哲学之中。其核心理念"礼为法之基，乐乃和之源"，以及所倡导的"以和为贵"精神，不仅系统地规范了人际间的交往模式与社会行为准则，还深远地塑造了中国古代社会的政治格局与文化风貌。作为中国古代文明的坚实基石，礼乐制度的思想根源及其历史变迁轨迹，为我们透视中华文化

---

[1] 司马迁：《史记·楚世家》，中华书局，1982，第1692页。
[2] 董楚平译注：《楚辞译注》，上海古籍出版社，1986，第12页。
[3] 王文锦译解：《礼记译解》，中华书局，2016，第478页。

的深邃底蕴提供了不可或缺的视角。

古代中国的乐器种类繁多，从先秦时期的编钟、编磬到汉唐时期的琵琶、古琴等，每一种乐器的出现和发展都反映了当时社会的文化水平和审美追求。例如，魏晋南北朝时期，随着各民族之间的音乐交流日益频繁，出现了许多新式的乐器类型，如曲项琵琶、角、方响等。

本课题旨在聚焦于战国时期楚地漆木乐器的制备技艺与文化意蕴，通过详尽的剖析与探讨，展现这一时期乐器艺术的独特魅力与深远影响。

（1）楚乐与教化

音乐是人类叩问自然、追求心灵境界的有效途径，也是自古以来雅士"澄怀观道"的独特形式。言不可达之处，乐驯之；文不可至之处，乐传之。在古代中国，音乐不仅是艺术的表现形式，更是社会文化、哲学思想的重要载体。古代中国社会中，音乐与政治紧密相连。《乐记》中的"乐与政通"思想即体现了这一点。音乐被视为反映社会治乱、政治兴衰的晴雨表，统治者常通过音乐来教化民众，维护社会稳定。例如，周朝的礼乐制度就是将音乐与等级制度相结合，通过不同场合、不同等级的礼乐表演，来彰显王权的神圣与威严，同时塑造了社会各阶层的行为规范。

周朝时期，宗法制度和等级制度得到发展。宗法制度以血缘关系为基础，构建了家族的权力结构；等级制度则明确了社会各阶层的地位与职责。这种制度框架为礼乐制度的实施提供了社会基础。通过礼乐制度，不同等级的人被赋予相应的礼仪和音乐规范，"社会的等级秩序由此得以维护"。周王朝正礼乐法则，一定程度反映了商朝奴隶制度之后新的分封制度，新的制度去除了原先刻意营造的神权的迷雾，强调了王权的地位和等级的划分。制度、法规到衣食住行的规定无不为其服务，文学、艺术至音乐编制的层层绸缎加之于身。向往在中原站稳脚跟的楚人，积极接受和学习这类蕴含教化意味的礼乐制度，重视"乐"，并在"乐"上面融合南方的天赋，不仅早早建立完整的乐官制度，更在周朝的"伶人"基础上发展出"乐尹"，乐理水平远超其他诸侯国。

《说文解字》如是解释"乐"："乐，五声八音总名。"[1]大量已出土的古楚乐器便属于"八音"范畴。所谓"八音"，即金、石、土、革、丝、木、匏、竹八种。音乐在发展中融入楚人日常生活，成为"上得祭堂，下得市井"的楚国文化的重要组成部分，而相关的乐器影响着楚国工艺美术的风格趋向和发展进程。在不断的改良和创新中，楚国乐律最终形成一套区

---

[1] 许慎：《说文解字》，中华书局，2013，第119页。

别于其他乐律的十二律体系。楚国的十二律名分为六律（阳律）和六吕（阴律），这十二律名与周王室的十二律名（如黄钟、大吕等）几乎没有相同之处，这体现了楚国在音乐律制上的独特性和创新性。然而，楚国的六律（阳律）的律序与周王室是一致的。发展齐全、乐思独特的楚国乐律是楚国乐器的根基，对漆乐器的创制体裁和规格都产生一定的影响。

处于琴、棋、书、画"四艺"之首的古琴，起到了重要的教化作用。"琴德""琴道"指的不仅是抚琴之人的技艺水平，更指代精神境界和道德水平。中国的文人抚琴，不仅仅是单纯将音乐呈现出来，其中蕴含了人与自然的和谐，天人合一的宇宙观、生命观与道德观。晋代嵇康在《琴赋》中写道："众器之中，琴德最优。"东汉蔡邕则直接指出抚琴对心性的影响，琴可"御邪僻，防心淫，以修身理性，反其天真也"。既能弹奏、又能作曲的"琴仙"俞伯牙便是楚国人，他与钟子期的"知音"故事流传千年。他的名曲《高山》《流水》和《水仙操》的灵感不仅源自他对自然的喜爱和敬畏，更来自他对世间万物常怀的悲悯之情。

（2）楚乐与巫鬼

楚地音乐，又称楚乐、楚调或南音，多指战国秦汉间楚地的音乐，也泛指长江中游和汉水一带以至徐、淮间的汉族民间音乐。楚乐以其独特的风格和丰富的表现力在中国音乐史上独领风骚，备受瞩目。它不仅融合了中原的雅乐雅舞，还吸收了郑卫的新兴俗乐，更有着浓郁的楚地巫风色彩。楚乐具有民族性和融合性的特点，允许夷夏并存，雅俗共赏，展现了楚人的开阔胸怀和融夷夏为一体的开放精神。楚乐的音乐形式丰富多样，具有独特的艺术魅力。

楚地自古以来就有浓厚的鬼巫文化氛围。楚国立国于江汉地区，这里的各民族本来就有信鬼神的原始宗教，因此无论是楚文化的源还是流，都带有浓厚的巫风色彩。

楚地的音乐与巫术祭祀活动紧密相连。在古代，音乐、舞蹈和诗歌是巫术祭祀活动中不可或缺的元素。巫师们通过歌舞来娱神，达到祈福禳灾的目的。楚人在参加以巫为主题的活动时，歌、舞、乐是融为一体的。例如，《九歌》就是祭神乐歌，在祭祀仪式中由巫女们边唱歌边跳舞，以达到娱神的效果。（图19）据文献载，中原以乐祭神的行为自帝尧开始，发展至夏商形成较为成熟的乐舞体制。"巫，原始社会中认为能交通天地神人的人，为商代的一种高级官员，行使神权，执掌筮法……又主管以歌舞事神。夏、商间巫是乐舞的主管者。"[1]发展至周朝，王权凌驾于神权之上，更强调等级观念和教化意义的乐官制度取代了神秘气息浓厚的巫音，仅保留其中部分职司范畴。作为南方文化的代表，楚国不仅具有浓厚的巫鬼文

---

[1] 黄新媚：《浅谈巫到乐官》，《北方音乐》2014年第2期，第161页。

图 19 云中君

化传统,与此同时,楚人也积极学习中原推行的礼乐制度。因此,楚乐既带有巫鬼传说和先祖祭祀的神秘色彩,又起到强调礼仪、教化民众的政治作用。

楚人创作出了流传至今的中国古典名曲《阳春》《白雪》。两首曲子原本服务于巫鬼祭祀,用以颂赞楚国的至上神——太一。《九歌》中将其尊称为"东皇太一"[1],"东皇"表明了太一在楚人信仰中的地位。

对太阳神祝融的崇拜与对祖先鬻熊的纪念在漆器的器型与纹样上有所体现。祝融是凤与火神的形象。"南方祝融,兽身人面,乘两龙"[2],龙的图腾形象与云纹结合,进一步强化其线条属性,化为蟠螭龙纹融入琴瑟漆面(图20),表现画面和音乐的动感。

除此以外,为了表现战场的残酷和表达对战士的思念之情,楚人根据其对巫鬼的独特认知和对文学的理解,创作出了《楚辞·大招》。"螭龙并流,上下悠悠只","魂乎归来,

---

[1] 朱熹:《楚辞集注·离骚经》,岳麓书社,2013,第 26 页。
[2] 郝懿行著,安作璋主编:《郝懿行集·山海经笺疏》,齐鲁书社,2010,第 4896 页。

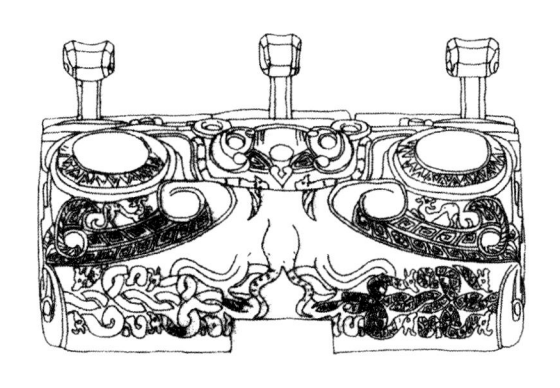

图20　当阳曹家岗蟠螭龙纹漆面琴瑟纹样示意图

凤皇翔只"[1]，该诗歌不仅描述了龙和凤上天入地的宏大场面，亦提到鹿、虎、蛇、禽在荆楚大地上的横飞疾走。诗人从现实穿越到梦境，再由梦境回归现实的情感波折被巧妙地融入楚漆器匠人的精湛工艺之中。这些画面与变形的动物纹、龙凤纹等纹样相互融合，共同塑造出楚漆工艺中那种流畅夸张、生动非凡的美学形象。

（3）楚乐与军事

楚乐与军事之间的关系，虽然不如楚乐与宗教、文化等方面的联系那样直接和显著，但仍有一些间接的联系和相互影响。楚人的战场上并不乏"乐"的踪迹。在古代，军事行动往往伴随着祭祀仪式，以祈求神灵保佑战争的胜利。楚乐作为祭祀仪式中的重要组成部分，不仅用于娱神，也起到了鼓舞士气的作用。在出征前或胜利后的祭祀仪式中，演奏楚乐成了一种传统，是对胜利的庆祝，也体现了楚人对神灵的敬畏。在楚国的军事装备中，一些乐器也扮演着特殊的角色。例如，鼓作为古代战争中常用的信号和指挥工具，在楚军中得到了广泛的应用。鼓声的节奏和音量可以传递指挥官的命令和战术意图，也能够激发战士们的战斗意志和团队精神。"三军以利用也，金鼓以声气也"[2]，战鼓就是活跃在争战混乱的春秋战国时期的战场上的主要乐器，更有"大射""乡射"等专门作用于武场的伴乐。可见楚乐作为楚文化的重要组成部分，具有强大的文化认同感和凝聚力。在军事行动中，共同的文化背景和文化认同能够增强将士之间的团结和协作精神，从而提高军队的战斗力。楚乐通过其独特的艺术魅力和文化内涵，为楚军将士提供了一种共同的精神寄托和情感纽带。

---

1 朱熹：《楚辞集注·离骚经》，岳麓书社，2013，第117页。
2 左丘明撰：《春秋左传集解》，凤凰出版社，2020，第172页。

（4）楚乐与乐舞

与乐对应的是舞，舞作为乐必不可少的一环，其兴盛也是乐的兴盛。乐舞是楚乐不可或缺的一部分。楚地的乐舞以其独特的风格和形式，成为楚乐的重要组成部分。这些乐舞作品不仅体现了楚地的艺术审美和文化底蕴，还通过音乐和舞蹈的结合，传达了楚人的情感和思想。楚乐与乐舞都承载着楚人的精神和文化追求。楚人崇尚自然，追求自由，富有想象力和创造力，这些特点在楚乐与乐舞中得到了充分的体现。通过音乐和舞蹈的结合，楚人表达了对美好生活的向往和追求，也展现了他们的审美情趣和艺术才华。

楚乐中的许多音乐作品都是根据乐舞创作的，这些音乐作品不仅旋律优美，而且与舞蹈动作紧密结合，形成了独特的艺术风格。同时，乐舞中的舞蹈动作也往往以音乐为引导，通过节奏和旋律的变化来展现舞蹈的韵律和美感。

楚地的乐舞形式多样，既有大型乐舞如六代乐舞，也有小型乐舞如帗舞、羽舞等。这些乐舞形式在楚乐中得到了充分的展现和发展，形成了各自独特的艺术特点。例如楚国傩舞，巫师头戴鹿角、身披鸟羽翩翩起舞，以祈祷祖先的灵魂进入美好的异域世界。《汉书·地理志》云："楚地之民，信巫鬼，重淫祀。"[1] 朱熹在《楚辞集注》中亦云："昔楚南郢之邑，沅、湘之间，其俗信鬼而好祀，其祀必使巫觋作乐，歌舞以娱神。"[2] 除了祭祀之舞，楚人还将舞上升到一个新的艺术水平，既有大型的群体参舞的"万舞"，也有脱离教化而盛行的"独舞"。每至起舞之时，楚宫场面盛绝，八音齐聚。虞姬便是善舞的楚女。

楚地的民间歌曲极为丰富，尽管在千年的历史长河中，未能留下乐谱以供详细考证，但其曲调依旧在《楚辞》等文献的字里行间回响。

楚乐中的乐器也常与乐舞相伴，如编钟、鼓等乐器在乐舞中扮演着重要的角色，为乐舞增添了更加丰富的声音元素。楚人对乐器的精心打造，使之与"乐"完美融合。楚漆乐器的宝贵遗产已经成为楚文化的一个显著标签。随着历史的演进，为满足人们祭祀、战争、生活及娱乐的多样化需求，楚漆乐器发展出诸多品类、形制和制作方法。无论是庄重的礼器、祭器，还是日常生活中的实用器具，漆木乐器在楚人生活的各个方面都留下了深刻的印记。

今人虽然已无法再回溯两千年前的历史、切身体会楚漆乐器从萌发到兴盛的历史演进，但近年来各地楚墓出土的漆木乐器文物，虽历千年，依然保存和凝结着时代工艺精华。比

---

[1] 班固：《汉书·地理志》，中华书局，1962，第1666页。
[2] 朱熹：《楚辞集注·九歌》，岳麓书社，2013，第25页。

如，曾侯乙墓出土了数种精美的楚漆乐器，包括漆琴、漆瑟、建鼓、笙、篪、排等。从齐全的乐器品种到娴熟的漆木乐器制作手法，战国早期楚文化区域漆木乐器的高超制作技艺展示在今人面前。漆木乐器的典范包括器身绘有神人跨龙飞天和十二凤鸟图画的彩漆五弦琴（图21），以朱、黄色绕管身描绘出彩线花纹的两件篪（图22），六把和编钟配套的彩漆敲钟木槌（图23）等。这些漆木乐器精品展示着楚文化神秘虚幻的浪漫气息。

图 21　彩漆凤鸟五弦琴

图 22　绕管身描绘朱、黄色彩线花纹的两件篪

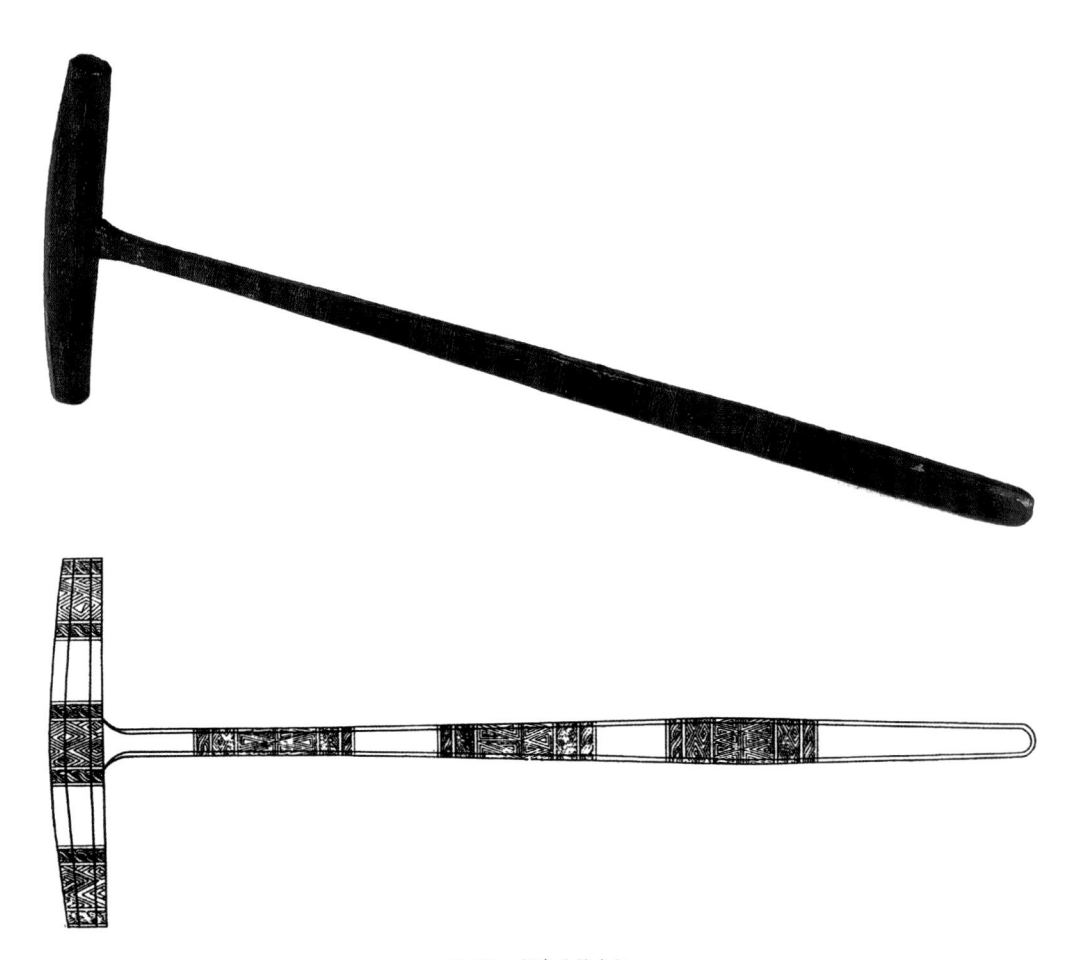

图 23　彩漆敲钟木槌

第一章 楚木胎漆乐器出土总况

楚国地处长江中游地区，气候湿润，竹木资源丰富，这为楚国工艺美术的发展提供了得天独厚的自然条件。加之技术的进步、社会生产力的显著提升，社会思想的空前活跃，人的价值得到高度认可……这一时期，楚漆艺术呈现出前所未有的活泼、自由的创作氛围，漆工艺制品因此进入百花齐放的繁盛时期。漆器凭借其固有的光泽持久、轻盈便捷、色彩艳丽且易于装饰等优势，取代了青铜器的地位，成为楚人生活中不可或缺的生活用具。可以说，楚人对漆器情有独钟，达到了"生死不离漆"的程度。这无疑是楚人生活的真实写照，也融入楚文化朗丽耀艳、富有浪漫色彩和鬼神崇拜的美学潮流之中。

先秦时期，礼乐制度初步形成并逐步完善。儒家学说将礼乐视为道德教育的核心，提倡以礼乐治国。这一时期，礼乐制度不仅规范了个人行为，还涉及国家的政治、军事、宗教等多个方面。楚国的礼乐制度在吸收中原礼乐文化的基础上，融入了楚地自身的文化特色。这种融合使得楚国的礼乐制度既具有中原文化的规范性，又具有楚地文化的独特性。楚国境内盛行礼乐之风，在将南方的巫鬼传统与周朝礼乐制度结合之后，楚人创建了与其他诸侯国不同的音律体制和相对完善的乐官制度。良好的工艺基础与现实礼乐制度的需要共同促成了楚国礼乐的繁荣。

当时楚国音乐已很发达，乐器种类齐全，数量庞大，几乎涵盖了古代"八音"分类的所有乐器种类。这些乐器包括钟、磬、鼓、瑟、笙、竽、箫等，其中鼓和瑟是提及次数最多、出土数量也最多的乐器。这些乐器在湖北、湖南、河南等地战国楚墓出土的实物中得到了印证。其中漆木乐器是楚国漆器中的一个重要类别，它们不仅具有实用功能，更具备高度的艺术价值。楚国漆乐器以木胎为主，表面髹漆并绘制精美的图案，造型独特，色彩鲜艳，体现了楚国工匠的卓越才华和审美追求。

现已发掘的楚墓大都出土有大量漆木乐器，比如河南淅川楚墓群、湖北曾侯乙墓、荆州地区楚墓、包山楚墓、九连墩楚墓、湖南长沙楚墓群和近期在安徽淮南发掘的武王墩楚墓等。其中，曾侯乙墓和九连墩楚墓最为典型，相关的乐器文物品种丰富、组合类型多样、保存状况良好。因此，这两座墓出土的漆木乐器为本章内容的重点，在此先概述其他相关代表性楚墓的漆木乐器出土情况。

河南淅川楚墓群是东周时期楚国贵族墓地，这一墓群主要分布在下寺、和尚岭、徐家岭一带，对研究楚国历史文化、楚都丹阳、楚国与周围各诸侯国的关系和当时的礼乐制度等都具有极为重要的价值。该墓出土王孙诰编钟数量达26件，是目前我国发现的春秋时期数量最多、规模最大、最壮观的一套编钟。其音域宽广，音律和谐，音阶准确，体现了楚国音乐文化的高超水平。该墓群几乎所有出土乐器的墓葬均有编钟编磬的组合，且摆放位置有规律。编钟的数量多与八、九两数相联系，这成为春秋晚期的编列定式。

荆州地区楚墓出土的乐器几乎涵盖了古代"八音"分类的所有乐器种类，如金（钟、镈等）、石（磬）、丝（琴、瑟等）、竹（箫、篪等）、匏（笙、竽等）、土（埙、缶等）、革（鼓等）、木（柷等）等。其中，鼓和瑟是提及次数最多、出土数量也最多的乐器。鼓类包括悬鼓、扁鼓、建鼓等。其中，以虎为座、凤鸟为架的悬鼓是楚地独有的乐器造型。

江陵天星观一号楚墓，墓葬年代约为公元前361—前340年，即楚宣王或威王时期。该墓发掘于1978年，因早年被盗而无法得知其原貌，只有北室保存相对完好。尽管如此，该墓仍残存有以青铜、木、陶、漆、玉、石等质料的器物2000余件。其中出土的漆木乐器包括钟架1座、磬架1座、磬槌6只、笙6件、瑟5把、虎座鸟架鼓1座（鼓槌2只）及小鼓1只。其中，虎座凤架鼓以对称布局的凤、虎作为鼓架。器身上生动的彩绘和精妙的线条布局使得整件乐器充满了神异色彩。它以虎为座、凤为架，造型独特且富有想象力。鼓身蒙以皮革，通过敲击发声。这种乐器不仅具有实用功能，还具有较高的艺术价值。（图1-1）

瑟是一种弦乐器，音色优美，能够演奏出复杂的旋律。荆州地区楚墓中出土的瑟数量较多，显示了瑟在楚国音乐中的重要地位。笙、竽等匏类乐器，通过吹气发声，在楚国音乐中常与其他乐器合奏，形成和谐的音响效果。箫、篪等竹类乐器的特点是音色清脆悠扬，它们在楚国音乐中常用于独奏或合奏，为乐曲增添灵动之感。埙和缶是土类乐器，通过吹气或敲击发声，它们虽然出土数量相对较少，但在楚国音乐中仍占有一席之地。柷则是木类乐器的一种，用于敲击发声。在楚国音乐中，柷可

图1-1 虎座凤鸟架鼓

能作为节奏乐器使用，与其他乐器配合演奏。

6件笙通体髹黑漆，按照制作方式和演奏形式，这些笙可分为两种。其一，笙斗与吹嘴用整匏制成，斗上有14个苗孔，分列二行；有的孔内尚残存竹质笙苗管，上有按音孔。其二，笙的吹管用圆木旋制而成，中空，一端插入笙斗上圆形榫眼中。这些器物大都残损，但仍能辨认出精良的制作工艺。

荆州地区楚墓出土的乐器不仅展示了楚国乐器的精湛工艺和丰富种类，还反映了楚国音乐文化的繁荣和发展。这些乐器在墓葬中的摆放和组合方式也为我们了解当时的音乐表演形式和礼仪制度提供了重要线索。例如，编钟和编磬的组合使用体现了楚国音乐中"金石之声"的和谐之美；而琴、瑟等弦乐器的出土则说明了楚国音乐在旋律表现上的高超技艺。

包山楚墓是湖北省荆门市十里铺镇王场村包山岗地的一处重要考古遗址，这里出土了大量珍贵的文物，对于研究楚国历史、文化、艺术以及丧葬制度等方面具有重要意义。包山楚墓出土的乐器种类较为丰富，其中瑟是常见的乐器之一，显示了其在楚国音乐中的重要地位。包山楚墓出土的鼓包括不同类型的鼓，如悬鼓、建鼓等。此外还有木号角，尽管发掘报告将其归入乐器，但也有观点认为其可能作为巫师法器使用，其具体功用仍需进一步研究。

长沙楚墓群主要分布在长沙市及其周边地区，这些墓葬的发掘始于20世纪30年代后期，并持续至今。在长沙地区，已发掘的春秋战国古墓数量众多，最为著名的包括陈家大山楚墓、子弹库一号楚墓和浏城桥楚墓等，其中保护完好的出土楚文物有10万余件。这些墓葬的发掘，不仅为学术界提供了丰富的实物资料，也极大地推动了楚文化及相关领域的研究。长沙楚墓出土的乐器几乎涵盖了古代"八音"分类中的大部分种类。

图1-2　长沙楚墓出土的漆瑟的复制品

1. 弦乐类。长沙楚墓中出土的漆瑟（图1-2）数量较多，是研究楚国音乐文化的重要实物资料。筑是长沙楚墓中发现的一种重要的击弦古乐器，其形制与琴相似但较大，以竹击弦发声。筑在先秦时代广泛流传于我国南方，尤其是楚地。筑自宋代后失传，但在长沙河西西汉长沙王后渔阳墓中重新发现，这一发现改写了中国音乐史。

2. 管乐器类。在长沙楚墓中，排箫的出土证明了其在楚国音乐中的使用。长沙楚墓中出土的笙，则反映了楚国在管乐器制作方面的精湛技艺。

3. 打击乐器类。长沙楚墓中出土的鼓种类多样，包括悬鼓、建鼓等，这些鼓在当时的音乐演奏和祭祀活动中都发挥着重要作用。此外还有编钟和编磬。

长沙楚墓群出土的漆木乐器包括虎座鸟架鼓1座、扁鼓5件、鼓槌5只、钲槌1只、瑟4把、瑟枘2件、琴2把。试以其中的古琴举例。两把琴出自不同的楚墓。一把已经残破，只留髹有黑漆的面板。另外一把为十弦琴，保存相对完整，虽然琴身原有的彩绘已剥落，但仍可依稀看到昔日的精美。琴尾下部的轸头浮雕有凤鸟，底板上凿有"T"形的共鸣箱。箱内髹黑漆，并以黄、褐两色绘着龙、凤、云纹和一兽，展现了古人精湛的工艺和丰富的想象力。

武王墩一号墓位于安徽省淮南市，是一座具有重要历史、文化和考古价值的楚国高等级墓葬，其墓坑边长达51米，共有21级台阶和一号墓室，这在中国考古史上实属罕见。该墓葬的考古发掘工作已取得了显著成果，提取了包括乐器在内的各类文物数千件（组）。这些文物的出土为研究战国时期楚国的历史、文化、艺术等方面提供了重要资料。武王墩一号墓中出土了大量乐器，这些乐器不仅种类繁多，而且制作精美。武王墩一号墓出土的乐器对于研究先秦时期的音乐文化具有重要意义，它们不仅为我们提供了了解古代音乐演奏形式的实物资料，还为我们揭示了楚国音乐文化的艺术风格和独特魅力。以下是部分出土乐器的详细介绍：

1. 弦乐类。武王墩一号墓出土了大量的瑟残件，包括弦孔、瑟枘、岳山等构件。部分残件上还保留着丝弦痕迹，这对了解先秦相关乐器的材料、制作方法等具有重要意义。此外，还有长达2.06米的瑟禁（放置瑟的木架），

刷新了战国瑟木架长度的纪录。根据考古发掘报告推测，墓中有的物品可能是漆木琴（图1-3）等弦乐器残件。

2. 管乐器类。武王墩一号墓出土了笙竽类乐器的多个部件，包括吹嘴、笙斗、苗管以及至关重要的簧片。簧片是笙竽类乐器发声的音源，这一发现使得未来对这类乐器的复原和音响研究成为可能。

3. 打击乐器类。武王墩一号墓出土了两套青铜编钟和一套编磬。编钟制作精良，音色优美；编磬则悬挂在磬架上，形如新月，敲击声悦耳动听。这些打击乐器在当时的音乐演奏和祭祀活动中都扮演着重要角色。墓中还出土了鼓等打击乐器残件，这些乐器在楚国的音乐文化中同样占有重要地位。

图1-3 安徽武王墩楚墓出土的漆木瑟

一、曾侯乙墓出土楚木胎漆乐器总况

1. 曾侯乙墓简介

（1）曾侯乙墓背景概述

曾侯乙墓是战国早期曾国国君曾侯乙的一座墓葬，位于湖北省随州市曾都区城西两公里的擂鼓墩东团坡上。该墓葬的发掘和出土文物为研究中国古代历史、文化、艺术、科学等提供了宝贵资料，极具历史、文化和艺术价值。

曾侯乙墓是一座呈"卜"字形的大型岩坑竖穴木椁墓。墓坑南北长16.5米，东西宽21米，深13米，总面积达220平方米。该墓是1977年秋湖北随州当地军队扩建营房施工，机缘巧合之下发现的。1978年3月文物考古部门组织联合勘探并开始挖掘，埋藏上千年的春秋战国古墓——曾侯乙墓正式进入世人的视野。（图1-4）

曾侯乙墓共出土了青铜器、漆器、金玉器、竹简等珍贵文物15000余件。其中，青铜器和漆器以其卓越的工艺和独特的艺术价值，成为最为经典的器物类型。

曾侯乙墓出土的编钟是迄今发现的最完整、最大的一套青铜编钟，共65件（包括楚王所送的镈钟），分为三层八组悬于钟架上。这些编钟数量众多且制作精美，其音域跨五个八度音程，可演奏多种乐曲，被誉为古代世界的"第八大奇迹"，为后人了解古代音乐文化提供了重要依据。

青铜尊盘是曾侯乙墓出土的又一重要文物，其造型复杂且铸造技术高超。尊盘上的纹饰精美细腻，体现了先秦时期青铜铸造技术的极高成就。

除编钟外，曾侯乙墓还出土了大量乐器如瑟、笙、箫、篪等。这些乐器不仅种类繁多且保存完好，为研究先秦时期的历史、文化、艺术等方面提供了宝贵资料。

图1-4 曾侯乙墓考古勘探现场

虽然战国时期的曾国并未完全融入楚国，但受到楚国经济、文化、政治等大环境的深远影响，它吸纳了楚文化的精髓，形成了独特的文化。在工艺制造、绘画风格和装饰纹样上，曾国大量借鉴了楚国的特有元素。曾侯乙墓的诸多文物体现出鲜明的楚文化特征。这些文物得以保存至今，离不开墓地周围优越的自然环境以及当时先进的密封储存技术。楚国的墓葬多位于地势高、干燥且远离水源的地方，而用膏泥密封墓室的方法也起到了防水和防腐的效果。墓中许多文物的器物造型和纹样图案都保存完好，它们全面地展现了春秋战国时期曾国与楚地文化融合后所形成的独特历史遗存。墓中不仅出土了大量精美的兵器和生活器皿，还出土了数套乐器。这些乐器不仅展现了墓主人的艺术修养和审美情趣，也反映出在楚文化的影响下，曾国对礼乐之美的重视与追求。这些出土文物为我们研究春秋战国时期的历史文化提供了珍贵的实物资料。

起初在曾侯乙墓的考古研究中，关于墓主人具体身世等问题一直未有定论。随着考古人员的深入挖掘，人们发现诸多青铜器上的铭文出现"曾侯乙"这一具体姓名。经统计，该铭文前后出现两百余次，最终一件青铜镈钟的铭文解开了墓主人的身份之谜。该铭文共计31字："佳王五十又六祀，返自西阳，楚王畲章，乍曾侯乙宗彝，奠之于西阳，其永时用享。"[1] 铭文直接指出该青铜镈钟是楚国赠送当时曾国国君的陪葬品。

墓主人的身份确定之后，曾国是另一个需要解开的谜团。有关曾国的史料较少，其大致位于楚国的疆域内，疑为依附楚国的小诸侯国。春秋时期，以五霸为首的大小诸侯国互相争斗，常年的战争导致时常有小诸侯国被兼并，这些小国的文化也随之消失于历史的长河中。对曾国的研究正是在这样的历史背景下，因有限的历史资料而陷入困局。随着考古研究的深入，湖北随州、枣阳地区陆续出土了一些与曾国相关的文物。虽然包括司马迁的《史记》在内的诸多史书对曾国有所记载，但都未提及其具体方位。与此同时，有关随国地理位置的确切记载在史书上多次出现，其恰好同曾国出土文物数量较多的地点相重叠。

李学勤教授在《曾国之谜》中提出了"曾随一家"的观点。2019年5月，随州枣树林墓地曾侯宝夫人芈加墓中出土了一件楚王送给芈加的鼎——楚王賸随仲芈加鼎，"曾随一家"的观点得到证实。"賸"是周朝的一种陪嫁器物，该器物刻有一串铭文："唯王正月初吉丁亥，楚王賸随仲嫡芈加飤繁，其眉寿无期，子孙永宝用之。"[2] 铭文详细记述了楚国将芈加嫁入

---

[1] 转引自梁玉：《关于曾侯乙镈钟的几点思考》，《黄河之声》2021年第16期，第78页。
[2] 转引自曹锦炎：《"曾"、"随"二国的证据——论新发现的随仲嫡加鼎》，《江汉考古》2011年第4期，第68页。

随国的历史事实。这成为史学家们判断"曾""随"为一家的确凿证据。

（2）曾侯乙墓出土乐器

乐器是曾侯乙墓出土文物的重要组成部分，数量庞大，种类繁多。该墓共出土乐器125件，这些乐器包括编钟、编磬、鼓、琴、瑟、笙、排箫、篪等。（曾侯乙墓出土的乐器如表1-1所示）

表1-1 曾侯乙墓出土的乐器概览

器物种类	出土数量与种类	装饰铭文	器物种类	出土数量与种类	装饰铭文
钮钟	19件	错金铭文	琴	2张	鸟纹、龙纹、鳞纹、人形纹等
甬钟	45件	错金铭文	笙	6件	绚纹、云纹、三角雷纹、圆珠纹等
镈	1件	错金铭文	排箫	2件	三角云纹、绚纹
磬石	32块	乐律铭文	鼓	4件	三角雷纹、菱形纹
瑟	12件	饕餮纹、龙蛇纹	篪	2件	三角雷纹

墓内共有北、东、中、西四大墓室（图1-5）。墓中出土的乐器布局有序，分别置于墓室的不同位置。其中115件乐器出自中室，主要用于演奏宗庙礼乐，包括1套编钟、1套编磬、1件建鼓、2件篪、3件笙、2件排箫、7件瑟以及悬鼓、小扁鼓等。中室这套由青铜乐器与漆木乐器组成的乐器组合非常珍贵。该乐器组合包含8类乐器，已然能够组成一个可在礼乐祭祀场合演奏的小型乐队。另外10件乐器则出自东室，

图1-5 曾侯乙墓四大墓室

可能用于演奏房中乐（寝宫音乐），包括5件瑟、十弦琴与五弦器各1张、2件笙等。这种布局不仅体现了古代中国音乐的礼仪性和制度性特点，也反映了当时宫廷音乐生活的丰富多彩。

在南方温润的气候和水系地质的共同作用下，曾侯乙墓漆木乐器出土时保存状况良好。埋藏于地下的曾侯乙墓处于积水状态，因此青铜和漆木等器物的表面未与空气接触。具体说来，曾侯乙墓的墙体由厚重的青灰泥夯实，墓底和椁室四周用白膏泥加固，因此具有很强的封闭性，渗透至墓室的水很难外流或蒸发。一些古代墓葬由于一直暴露于空气之中，或是原

有积水流失导致与空气接触，其中许多珍贵的漆木文物遭到不同程度的损坏。在曾侯乙墓中，虽然部分弹奏乐器的弦与鼓皮已经残破不堪，甚至有些部分已经锈蚀殆尽，但在水的保护下，漆木乐器的整体结构保存完整，器物上的装饰纹样依旧清晰可见。

作为一套难得一见的大型礼乐青铜器，曾侯乙编钟（图1-6）自出土以来便备受瞩目，后被认定为国家一级文物。这套编钟共计65件，分3层8组悬挂在呈曲尺形的铜木结构钟架上，钟架长748厘米，高265厘米，可以拆装。上层3组为钮钟，19件，立柱是圆木；中层3组为甬钟，33件，分短枚、无枚、长枚三式；下层为两组大型长枚甬钟，12件，另有大镈钟1件。中、下两层的立柱，每层都为三个铜质佩剑武士。编钟最大钟通高152.3厘米，重203.6千克，用浑铸、分铸法铸成，采用了铜焊、铸镶、错金等工艺技术，以及圆雕、浮雕、阴刻、髹漆彩绘等装饰技法。每件钟均能奏出呈三度音阶的双音，全套钟12个半音齐备，可以旋宫转调。音列是现今通行的C大调，能演奏五声、六声或七声音阶乐曲。编钟出土时，在近旁还有6个丁字形彩绘木槌和两根彩绘木棒，为敲钟和撞钟的工具。钟笋、钟钩、钟体共有铭文3755字，内容有编号、铭记、标音及乐律。曾侯乙编钟不仅是一套乐器，还是一套有极高美学价值的工艺品。

图1-6 曾侯乙编钟

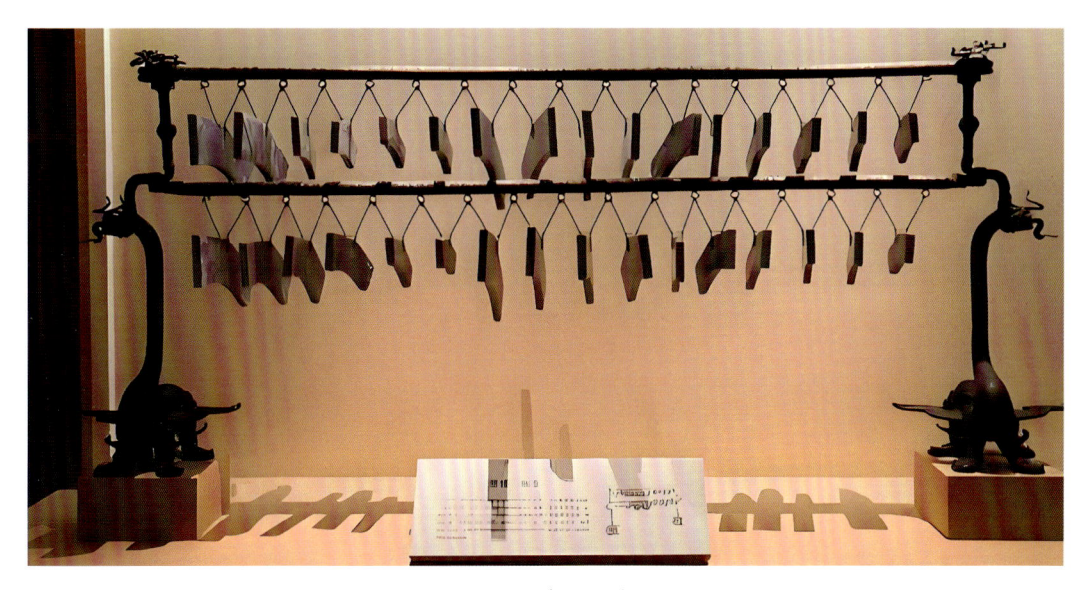

图 1-7　曾侯乙编磬

　　与曾侯乙编钟对应的是曾侯乙编磬（图 1-7）。"钟"和"磬"，从造字方式便可看出二者的区别：前者以金属为材料，后者以石头为材料。曾侯乙编磬通高 109 厘米、宽 215 厘米，编制后的石磬被悬在编磬架上，通过击奏来发出乐响，常与编钟合奏"金石之声"。曾侯乙编磬的磬架总体造型为双层结构，柱架配有一对圆雕怪兽，两根圆杆用作横梁。架身的装饰十分精美，除了用错金银技法装饰之外，还绘有流动飘逸的云纹，此外，上面还雕刻有乐律、铭文、编号。整组乐器由 32 块形状各异、大小不一的磬石组成，材料主要是石灰石或大理石，磬上亦刻有编号和乐律、铭文。湖北省博物馆曾复现过演奏编磬的场景。演奏时，乐人须挺直上身，两膝着地，双手执磬槌击奏。石磬发出的声音穿透力强且清脆悦耳，音量虽不如编钟，但在和编钟和鸣时，也不会被钟声掩盖。"金石和鸣"时的音乐层次丰富，能产生余音绕梁的效果。

　　曾侯乙墓出土的漆木乐器具有浓厚的神秘色彩。曾侯乙漆木乐器多为红、黑两色。漆木乐器的纹样以龙纹和人纹为主，造型则曲直分明，惯常模拟动物形态，通过形制表现庄严肃穆之感。

2. 曾侯乙墓楚木胎漆乐器概览

（1）弹拨类乐器

古琴相传为伏羲所制。早期的琴为五弦，经近千年的演化，在东汉时期形成了今日古琴的样貌。

①五弦琴

五弦琴是一种历史悠久的弹拨乐器，属于古琴的一种。中国许多古老的弦鸣乐器，如琴、筝、筑等，都曾经历过五弦的形制。

五弦琴在中国有着悠久的历史，早在《尚书》中就有"舜弹五弦之琴"的记载，而《礼·乐记》也提到"筝，五弦筑身也"。五弦琴作为中国传统音乐的重要组成部分，承载着丰富的文化内涵。在古代，五弦琴常被用于宫廷音乐、文人雅集以及民间音乐活动中，成为传递情感和表达思想的重要工具。在现代社会，随着民族文化的复兴和发展，五弦琴也逐渐受到更多人的关注和喜爱。

五弦琴的构造相对简单，但各部件功能明确。上部为音板，多使用质地较软的松、杉木料制作，板上设有弦钉和弦柱，用于固定和调节琴弦。下部为共鸣箱，呈长方匣形，多由质地较硬的木板钉制而成，用于增强音量和音色。琴弦多采用麻丝、丝弦或钢丝弦制成，数量固定为五根，分别对应不同的音高。

演奏五弦琴时，通常将琴平置于地面上，奏者席地而坐、倾身弹奏，左右手各执一根小

图1-8 曾侯乙墓出土五弦琴

木棍或木制拨片弹拨琴弦发音。演奏技巧包括单音弹奏、和弦弹奏以及滑音、颤音等装饰音的运用。五弦琴由于音量不大，更适合在较小的空间内演奏，如室内音乐会或民间音乐活动等。

五弦琴的音色柔和、圆润，音量适中。其独特的音色使得五弦琴在独奏或为民歌、民间舞蹈伴奏时表现出色。同时，由于五弦琴的音色具有一定的穿透力，因此它在一些需要突出旋律的场合也能发挥重要作用。

曾侯乙墓出土的五弦琴除了用于演奏之外，还可用于调音：通过在五弦琴上弹出绝对音高来为编钟组校准声音，从而达到调律和谐的效果，其功能相当于现代的音叉与校音器。这张五弦琴（图1-8）出土于墓葬的东室，全长115厘米、头宽7厘米、高4厘米、尾宽5.5厘米，头部还有一个长52厘米的狭长音箱。这张五弦琴与文献记载的筑相近，分上、下两个部分，由音板、弦钉、弦柱、琴弦和共鸣箱等构成。五弦琴器面平直，其底空槽中有五个弦孔，琴体中间的结构为共鸣箱，头尾两端有弦孔，弦在出土时已被锈蚀。五弦琴以黑漆为底，琴身带有繁复华丽的红色和黄色彩绘，图案纹样种类繁多。其中，凤鸟的纹样极为突出：琴身左侧绘有11只凤鸟，右侧绘有12只凤鸟，琴底同样绘有12只凤鸟。在琴身侧面及背部绘有两幅人与龙的图案，两幅图案基本相同，上下相接，人物形象造型十分特别。其形象描述，基本上与《山海经》中所记载的夏后开"珥两青蛇，乘两龙"完全一致，而之所以将夏后开的形象绘制于乐器之上，是因为他"上三宾于天，得九奏之乐"的缘故。在人形纹和盘龙纹的衬托下，整个琴身的图案栩栩如生：凤凰与其他鸟类在天边翱翔追逐，华美异常。琴身后半段附有类似蛇形的一对耳环，除此之外还绘有鳞纹、菱纹、方格纹等。（图1-9）

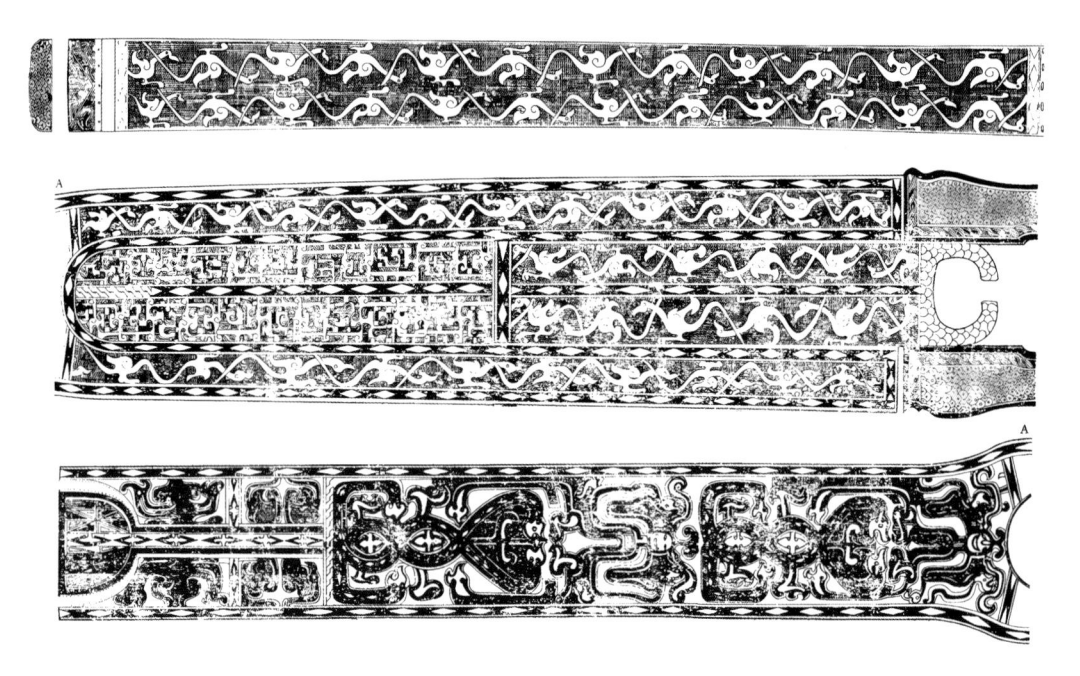

图 1-9　曾侯乙墓出土五弦琴装饰纹样示意图

② 素漆十弦琴

1978 年出土于曾侯乙墓的十弦琴，现藏于湖北省博物馆。这是目前考古所见中国最早的古琴之一，因张施十弦而得名"十弦琴"（图 1-10、图 1-11）。这件弹奏乐器以整木制作，由琴体、底板两部分组成，全长 67 厘米，宽 19 厘米，高 11.4 厘米。十弦琴为木质胎体，斫制成型，装饰辅以雕刻；音箱近长方体，活动底板着地，音箱内空，底面有二孔与内相通；首端有 10 个弦孔，岳山存勒弦痕迹；长弧形的尾板微上翘而悬空，尾端也有勒弦痕迹，板下有栓弦枘；琴面隆起，阴刻弦；通体髹黑漆，光泽柔润，素面，出土时底板浅槽内存琴轸四枚；琴体两端有弦孔，弦在出土时已被锈蚀。与唐宋之后出现的七弦琴相比，这把十弦琴音阶大小不同，琴身样态有所区别，这反映了琴弦数量和器型在没有完全定型之前古代乐人对弦乐形制的探索。

十弦琴虽具有实用性，但细品其图案设计和制造工艺，似乎更带有祭祀祈福的意味。琴身外表的动物造型或抽象或写实，它们布局巧妙，错落有序，在整体的黑色调的衬托下，呈现出一种神秘的美感。出土于曾侯乙墓的素漆十弦琴并没有任何可靠文献辅以解释。虽然关于十弦琴的具体演奏方式已无从考证，但根据古琴的演奏方式推测，十弦琴可能也是通过手

图 1-10　曾侯乙墓出土的素漆十弦琴（开启状）

图 1-11　曾侯乙墓出土的素漆十弦琴（闭合状）

指或拨片弹拨琴弦来发声的。由于弦数较多，十弦琴的音域可能更为宽广，能够演奏出更为复杂的旋律和和声。

　　十弦琴作为古代乐器的代表之一，不仅具有独特的艺术价值，还承载着丰富的文化内涵。它反映了古代中国人民对音乐的热爱和追求，为我们了解古代音乐文化提供了宝贵的实物资料。同时，十弦琴的发现也为研究古代乐器的制作技艺、演奏方式以及音乐理论等提供了重要的线索和依据。

　　③瑟

　　瑟的外观为长方形，一般为二十五弦，亦有十六弦、五十弦、七十二弦、一百弦等多种。最早的瑟有五十弦，故又称"五十弦"。古代的瑟，多用整木斫成，弦端透出木外，弦下有柱。现在的瑟一般用大漆等涂饰，形制与筝相似但略大，每弦有一个柱，可移动以调节音高，而音域宽广，音色深沉，余音悠远。

瑟的起源非常古老。据《世本·作篇》载："庖牺（伏羲）作，五十弦。"[1] 但这可能只是传说。不过，从考古发掘的情况来看，瑟确实是一种历史悠久的乐器。瑟的演奏方式主要是弹拨，可以通过不同的指法技巧来演奏出丰富的旋律和和声效果。在古代，瑟常用于宫廷和贵族的宴乐之中，与琴、笙、箫等乐器一起演奏，形成了独特的音乐风格。《说文解字》："瑟，庖牺所作弦乐也。从珡，必声。"[2] 瑟是弹奏板箱体弦鸣乐器，在南方音乐体系中占据较为重要的地位。弹弦散音，一弦一音，张弦于瑟体箱板上，箱板之下为共鸣箱。目前出土的瑟主要分布在南方的楚地范围，如河南南部、湖北、湖南等。楚人好歌舞，其中最常使用的乐器之一便是瑟。

据《仪礼》记载，瑟一般用于宫廷雅乐中，常与琴和之。古代举办宴享仪礼活动时，多用瑟伴奏歌唱。《诗经》中有记载："呦呦鹿鸣，食野之苹。我有嘉宾，鼓瑟吹笙……呦呦鹿鸣，食野之芩。我有嘉宾，鼓瑟鼓琴。鼓瑟鼓琴，和乐且湛。我有旨酒，以燕乐嘉宾之心。"[3] 战国至秦汉之际盛行"竽瑟之乐"，即吹奏乐器竽与弹拨乐器瑟合奏。

湖南长沙浏城桥一号楚墓的年代约为春秋晚期或战国早期，此墓出土的瑟（图1-12）是目前所知最早的实物。河南信阳和湖北江陵等地的楚墓、湖北随县曾侯乙墓、长沙马王堆一号汉墓都出土有瑟，瑟的弦数在23至25之间，以25弦居多。

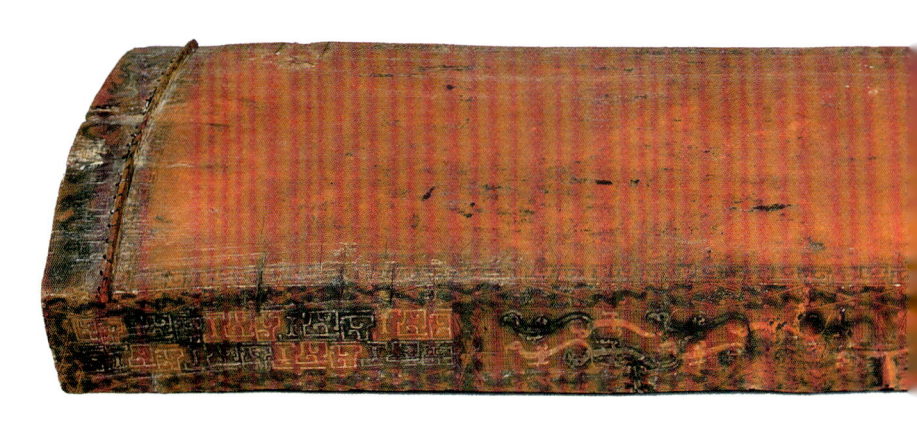

图1-13 曾侯乙墓出土的彩漆瑟

1 宋衷注：《世本八种》，中华书局，2008，第107页。
2 许慎：《说文解字》，中华书局，2013，第267页。
3 周振甫译注：《诗经译注》，中华书局，2010，第214页。

图 1-12　湖南长沙浏城桥一号楚墓出土的瑟复制品，局部

《明集礼》卷五十记载："伏羲作五十弦，为大瑟；黄帝破为二十五弦，为中瑟；十五弦为小瑟；五瑟为次小瑟。或谓朱襄氏使士达作，或谓神农作。"[1] 传说瑟的弦数经由伏羲到黄帝，再由神农或士达，数量从 50 缩减到 5。目前已经发现的瑟弦的数量有 18、19、21、23、24、25 六种。曾侯乙墓出土的彩漆瑟的瑟体保存完好（图 1-13），瑟身装饰花纹清晰可见（图 1-14 ～图 1-17）。此瑟长 164.3 厘米，首宽 42.2 厘米，尾宽 38.5 厘米，有弦 25 根。

图 1-14 曾侯乙墓出土的彩漆瑟，局部

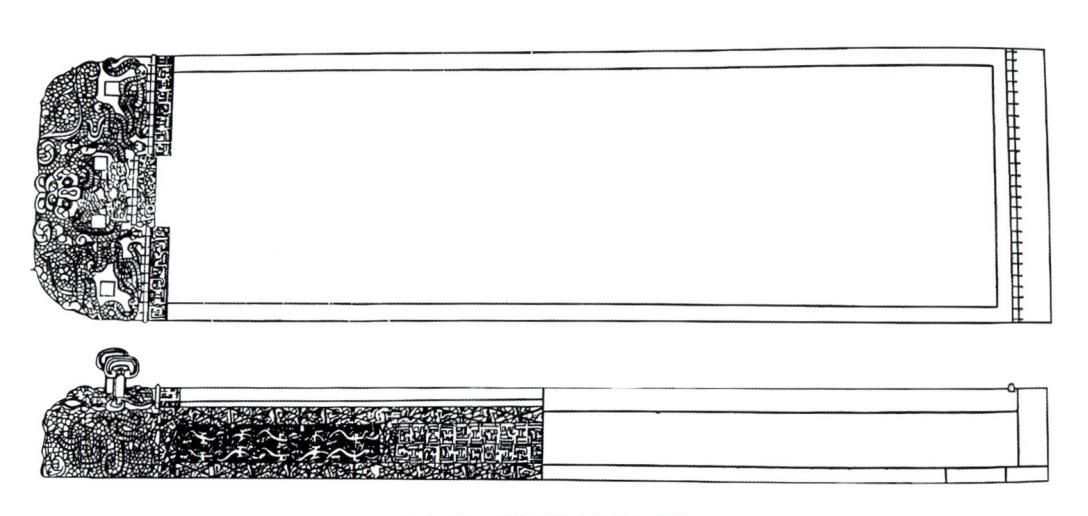

图 1-15 彩漆瑟装饰纹样示意图

---

1 张新斌：《再论朱襄氏》，《中州学刊》2014 年第 11 期，第 130 页。

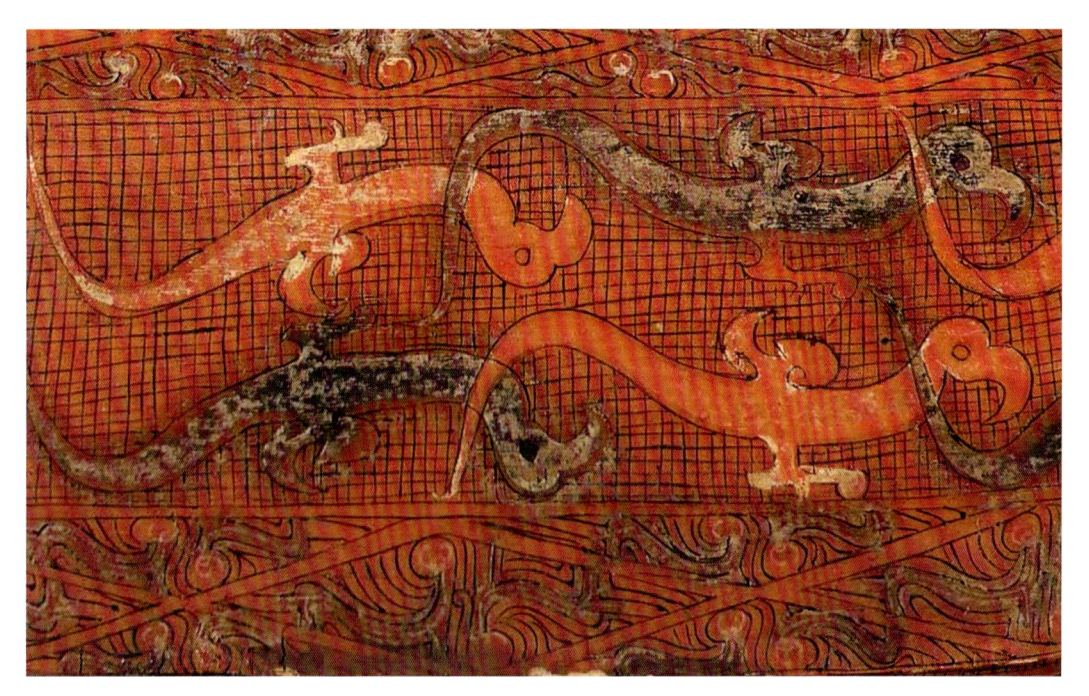

图 1-16　彩漆瑟瑟身纹样，局部

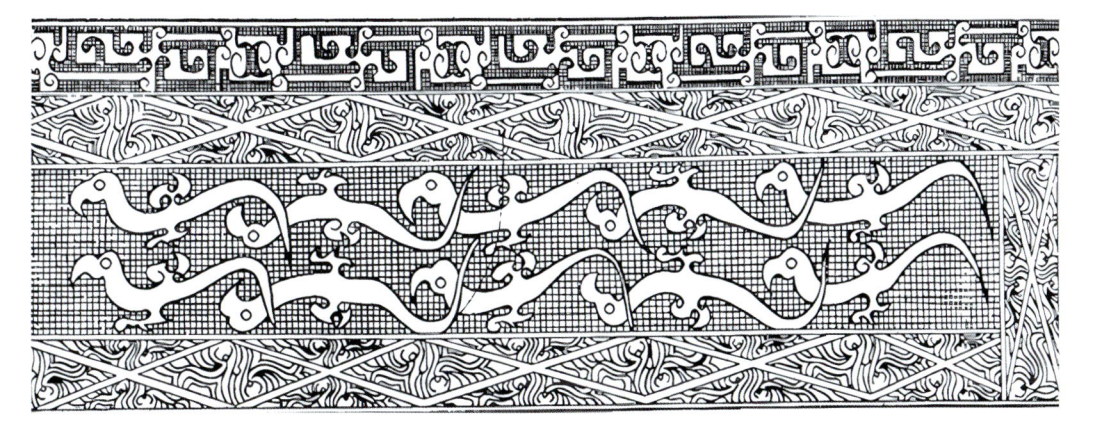

图 1-17　彩漆瑟瑟身纹样示意图

图 1-18　笙的结构

（2）吹奏类乐器

① 笙

笙是中国传统簧管乐器，主要由笙簧、笙苗（即笙体上的许多长短不一的竹管）和笙斗（即连接吹口的笙底座）三个部分构成（图 1-18），能奏和声。传说，最早的"笙"由女娲所造，用于演奏一种祈求生育的巫术音乐。从字形来看，这种说法不无道理："笙"字的声旁为"生"，象征着繁衍后代、生生不息的美好愿景，与女娲造人的神话相呼应。

笙的音色明亮甜美，高音清脆透明，中音柔和丰满，低音浑厚低沉，音量较大。而且在中国传统吹管乐器中，笙是唯一能够吹出和声的乐器。它在和声、复调、转调、音程及快速演奏等各方面，都具备丰富的表现力。

笙的历史悠久，早在三千多年前的商代，我国就有了笙的雏形。在古代，笙常用于宫廷礼仪场合的雅乐演奏，也是民间吹打乐和戏曲音乐中的重要伴奏乐器。笙还是古代文人雅士喜爱的一种乐器。

曾侯乙墓共出土 6 件笙，器型分别为 12、14、18 管三种（图 1-19）。主要饰以云纹、三角雷纹、圆珠纹、变形菱纹和连续云纹。色彩运用上惯以黑漆为底，后用红色与黄色绘制出相关的图形样式。这些笙总体上保存较好，可供当代人研究和仿制。

② 彩绘竹排箫

箫是一种能够模拟风声的管状竹乐器，排箫则是多个箫管的组合。排箫是一种古老的乐器，其历史悠久，形制多样，音色纯美，具有独特的艺术魅力。排箫由若干长短不同的木管或竹管连接而成，每个管发出一个音，通过连续吹不同的管展现旋律。其形制多样，历代的管数和长度均不相同，自清代方按律编管。排箫的管身一般开有指控孔，前 5 孔，后 1

图 1-19　曾侯乙墓出土的笙

孔，下方另有两对音孔，底端为开管。排箫的管数从最初的 3 管起，逐渐发展到 10、13、16、20、21 管，甚至最多的 24 管。每管只发一音，属于"吹联孔气鸣乐器"。排箫的音色类似箫，其发音比箫更清脆、圆实，更具空漠的效果，音量虽不大，但穿透力和共鸣性均很强。排箫在中国古代就有广泛的流传和应用。迄今发现的世界上最早的排箫实物是 3000 年前的中国商末周初的骨排箫。这些排箫多为禽类腿骨所制，由多根长短递减的骨管组成。

曾侯乙墓出土的彩绘竹排箫纵长 22.5 厘米，横长 11.7 厘米（图 1-20）。在造型上，曾侯乙墓的排箫由 13 根长短不一的箫管组成，外面涂以黑色漆料，并饰有精细繁复的红色云纹（图 1-21）。彩绘竹排箫不仅外形结构保存完好，其使用价值也并未折损——箫管仍然能吹出乐响，这让它成为考古史上保存最好的竹质排箫乐器之一。

图 1-20 曾侯乙墓出土的彩绘竹排箫

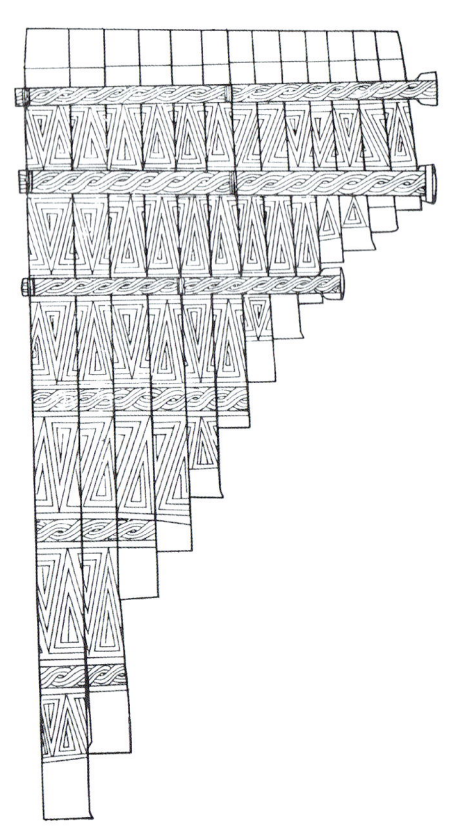

图 1-21 曾侯乙墓出土的彩绘竹排箫纹样示意图

③篪

篪是一种横吹竹管乐器，属于中国古代吹管乐器的一种。它用竹制成，长约一尺，其两端封闭，上有多孔；吹孔及出音孔向上，五指孔向外。下端为单管，上端有二管，如"Y"形；或并列，如"目"字形。这种乐器在古代的宫廷雅乐和民间音乐中都有所应用。

篪的历史悠久，早在周代，它就已经成为宫廷雅乐中的重要乐器之一。

在古代，篪常用于独奏、合奏或为歌唱、舞蹈伴奏，其音色优美，演奏技巧丰富，深受人们喜爱。

在演奏技巧上，篪的演奏者需要掌握一定的指法和气息控制技巧，才能演奏出优美的旋律。同时，由于篪的音域较窄，演奏者还需要通过不同的演奏技巧和表现手法来丰富乐曲的表现力。

曾侯乙墓出土的两件篪，一粗一细，以黑色漆料为底色，上有红色涂料（图1-22）。篪管上饰有雷纹，方折的回旋形线条高度抽象，展现出独特的韵律感。（图1-23）

图 1-22 曾侯乙墓出土的篪

图 1-23 曾侯乙墓出土的篪表面纹样示意图

（3）打击类乐器

鼓的历史悠久，早在远古时期，人们就开始使用各种材料制作鼓，用于祭祀、庆典、战争等场合。随着时代的发展，鼓的种类和演奏技巧也日益丰富多样。在中国，鼓是民间音乐、戏曲和舞蹈中不可或缺的重要乐器之一，其独特的音色和节奏感能够很好地渲染气氛，增强表演的感染力。在演奏鼓时，演奏者通常使用双手或鼓槌来敲击鼓面，通过控制敲击的力度、速度和位置等技巧，表现出不同的音色和节奏。同时，鼓还可以与其他乐器进行合奏，形成丰富的音乐效果。

作为最早出现的音乐艺术形式，鼓乐在诞生之初充满原始宗教色彩，而随着时间的推移，它才逐渐变为乐队编制的一部分。起初，楚人认为人的敬畏之情可以通过鼓的敲击声传至天上。《大周正乐》写道："雷鼓八面，以祀天。灵鼓六面，以祀地。路鼓四面，以祀鬼神。"[1] 人们渴望将意愿通过鼓声传递给上天，再通过具有灵性的建木接收上天的反馈。《淮南子·地形训》记载："建木在都广，众帝所自上下。日中无景，呼而无响，盖天地之中也。"[2] 在一去一回的循环之中，人愿与天意完成了沟通交流。

因为鼓乐声音具有较强的穿透性，所以鼓还有传递信息的功能，这让鼓在古代的军事训练和战争中发挥了重要作用。"建"在古代有"立"的意思，建鼓指的是竖立的鼓。古时军队作战，立鼓以指挥进退，谓之建鼓。一线兵将会根据鼓手的鼓点、节奏来控制军阵行进的步伐。《周礼注疏》载："鼓之则进，重鼓则急击；金之则止，重金则徐退。"[3] 而在战争中，鼓声也起到振奋士气的作用——著名的成语"一鼓作气"便与鼓有关。除了军事应用，作为声音符号的鼓声在国家治理中也起到一定作用。比如，在天子或贵族经过时，鼓声可传递让百姓避让的信息；在处理审讯案件时，可击鼓来表明冤屈和态度。

鼓不仅用于军政和祭祀，也丰富着贵族和平民的生活。《孟子·梁惠王下》记录了梁惠王击鼓的情节："今王鼓乐于此，百姓闻王钟鼓之声，管籥之音。"成语"晨钟暮鼓"也体现了鼓在古人生活中的重要性。

---

[1] 转引自马玉香：《论建鼓的历史文化意义》，《兰州教育学院学报》2013年第8期，第41页。
[2] 同上。
[3] 《周礼注疏》，郑玄注，贾公彦疏，中华书局，2014。

曾侯乙墓出土的鼓类型如下。

①扁鼓

扁鼓有着悠久的历史，早在古代就被用于宗教祭祀和婚丧嫁娶等场合。随着时间的推移，扁鼓逐渐演变成为民间舞蹈、灯会、杂技团和群众性锣鼓队中的重要组成部分。扁鼓的演奏技巧丰富多样，包括单击、双击、轻击、重击、滚击、点击、闷击以及击鼓心、击鼓帮、击鼓边、飞槌、双槌相碰等。演奏者通过不同的技巧组合，可以表现出丰富的节奏和音色变化。

扁鼓的演奏形式分为移动式和固定式两种。在固定式演奏中，扁鼓常置于鼓架上；而在移动式演奏中，演奏者则将扁鼓置于地上或斜挂于胸前进行演奏。此外，扁鼓还可以与其他乐器合奏，形成丰富的音乐效果。

曾侯乙墓出土的扁鼓表明，早在两千多年前的春秋晚期，楚人就已熟练使用这一乐器，其制作工艺、使用方法已与今日无异。这一发现将人们使用扁鼓的年代向前推进了上千年。

曾侯乙墓出土的扁鼓（图1-24）鼓径为40厘米，整体轻盈小巧，便于乐者捧于手中。在人体工程学中，5~7厘米的长度是最适合人手的尺寸。扁鼓的设计充分考虑了使用者的舒适程度，体现了古代先民以人为本的智慧。楚地扁鼓在演奏时多执于手中，由舞者边舞边敲，是楚人歌舞奏乐时的重要乐器。

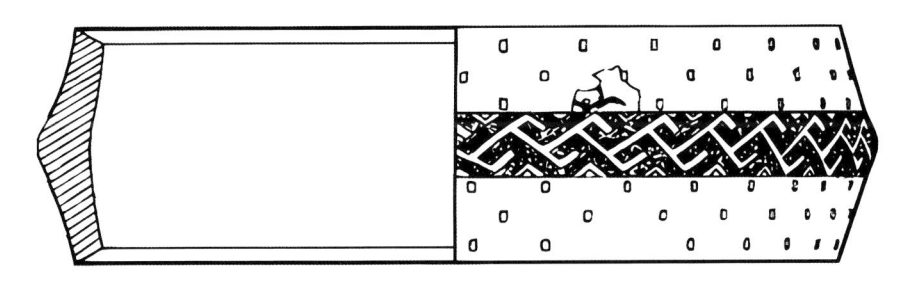

图1-24　曾侯乙墓出土的扁鼓结构图

②手执鼓

在曾侯乙墓出土的鼓类文物中，有一种便于手持演奏的鼓类。虽然具体描述中并未直接称其为"手执鼓"，但考虑到其扁平的形状和相对较小的体积，它很可能具备手持演奏的便利性，即由一只手握住鼓柄，另一只手执鼓槌敲击鼓面。

曾侯乙墓出土的手执鼓（图 1-25、图 1-26）与扁鼓发现于同一墓室。与扁鼓不同的是，手执鼓的鼓身有"把"。鼓身髹红色大漆，整体造型古朴大方，鼓把处稍有菱形雕饰。手执鼓鼓面较小，用手敲击后声音"闷而不发"，故推测手执鼓可能配有较小的鼓槌。在演奏时，舞者一手执鼓一手执槌，边舞边敲，其鼓声高昂，在乐队中起着协调各种乐器并控制乐曲节奏的作用。

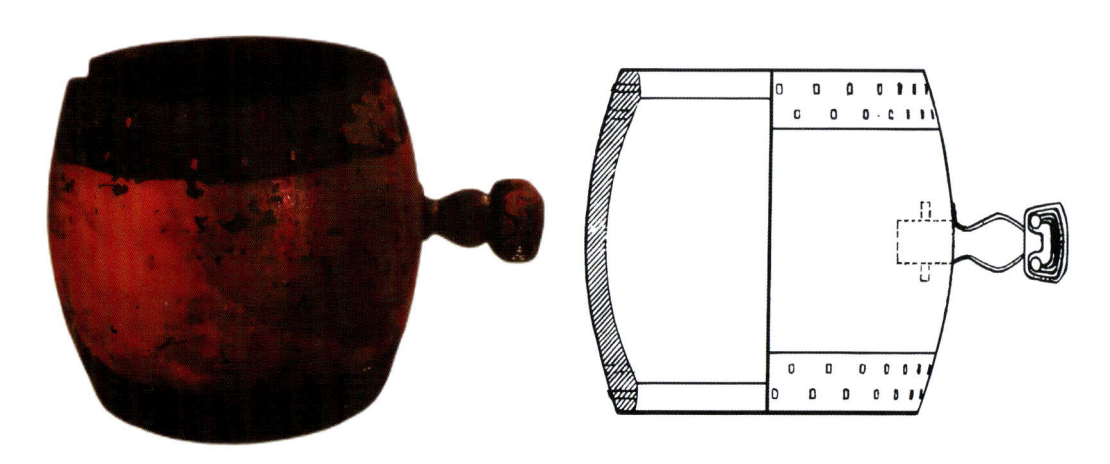

图 1-25　曾侯乙墓中出土的手执鼓　　　　图 1-26　曾侯乙墓中出土的手执鼓结构图

③建鼓

建鼓（图 1-27、图 1-28）是中国古代最重要的打击乐器之一，其历史可以追溯到商代晚期，已有三千多年的历史。随着时间的推移，其形制和演奏技巧在春秋战国时期得到了进一步的发展和完善。

建鼓一般为长圆形，鼓体较大，两端较窄，鼓框上有装饰性的雕花，鼓身有八个音孔。鼓的两面蒙上皮革，用木槌敲击鼓面产生洪亮声音。建鼓的制作材料可以是木材、皮革等。有些建鼓的鼓座由青铜制成，上面雕刻有精美的龙纹，并镶嵌绿松石，展现出高超的制作技艺。

在古代，"建"有树立、竖起之意，所以建鼓在演奏时往往被树立起来，这也使得它在宫廷、庙堂等大型的祭祀、庆典等活动中占据重要地位。在其结构组成中，建鼓首先用木柱贯穿鼓身使其立起，然后插入底座，以此作为鼓的支柱。建鼓的鼓体较大，因而带有较大的内腔。曾侯乙墓出土的建鼓鼓体高54厘米，直径80厘米。其底座由八组龙体雕刻相互盘绕而成：龙身镶嵌有绿松石，精致华美；龙尾则浮动交错，仿佛一团熊熊燃烧的火焰，象征着旺盛的生命力。

建鼓的用途十分广泛，既可以用于宫廷、庙堂等大型的祭祀、庆典等活动，也可以用于军队中的行军和战斗，甚至在民间音乐和戏曲表演中也有所应用。《隋书·音乐志》中有记载："建鼓……周人悬之，谓之悬鼓。"悬鼓的鼓型扁平，多悬挂于特制的鼓架上，如虎座立凤鼓架等。如江陵天

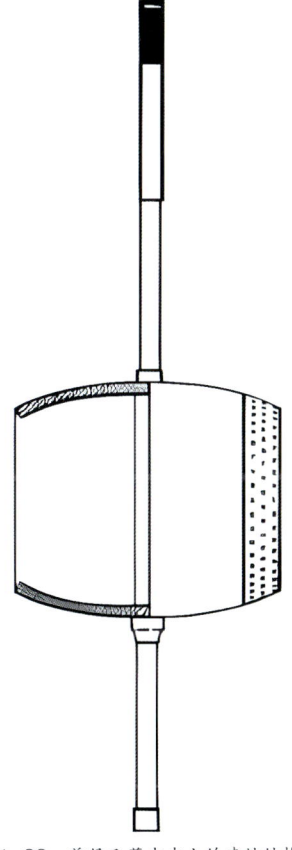

图 1-27　建鼓复制图　　　　图 1-28　曾侯乙墓中出土的建鼓结构图

星观 1 号楚墓出土的悬鼓，鼓径 70 多厘米，鼓厚 10 余厘米，鼓腹有三个铜铺首衔环，分别系挂于对应的两个凤首及双凤相连的尾端。这种悬鼓以其独特的造型和精美的工艺，成为古代乐器的瑰宝。

曾侯乙墓出土的悬鼓（图 1-29）形态扁圆，中部微鼓，鼓腔髹红漆，鼓腔鼓皮均有漆画彩绘。鼓的侧边被设计为三角状，两端设有圆环，便于系挂绳索。

图 1-29　曾侯乙墓出土的悬鼓结构图

（4）其他类型的乐器

①素漆木磬匣

素漆木磬匣是指采用素色漆（或称素面、光素漆）工艺制作的，用于存放或保护磬块的匣子。这种漆器以颜色素淡朴实、没有花纹装饰为特点。素漆木磬匣通常由木材制成匣体，表面髹以素色漆。素色漆指的是颜色单一、不掺杂其他花纹或图案的漆层，其色彩可能包括黑、红、棕等多种颜色，但整体风格以简洁、素雅为主。

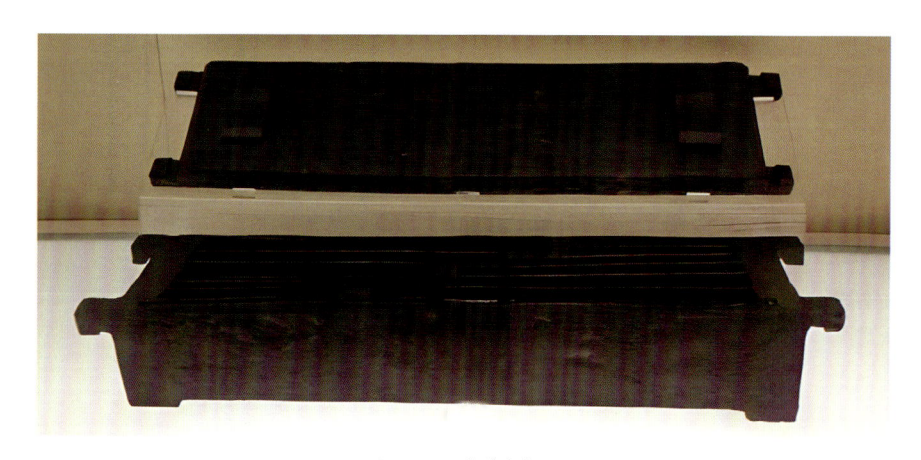

图 1-30　素漆木磬匣

素漆工艺在中国有着悠久的历史。随着漆器制作工艺的发展，素漆木磬匣作为一种特定的漆器艺术品，逐渐在文人雅士和宫廷中流行起来。它不仅具有实用价值，更承载着审美追求和丰富的文化内涵。

曾侯乙墓共出土3件素漆木磬匣，主要用于存放磬块。其中一件磬匣（图1-30）内部可以存放41件磬块。磬槽前端和匣盖上刻有编号，方便人们按照音阶序列置放磬块。

②彩漆撞钟木棒

彩漆撞钟木棒是曾侯乙墓中出土的重要文物之一。曾侯乙墓彩漆撞钟木棒在考古发掘过程中被发现，它们斜倚于编钟钟架旁，起初可能并未引起特别注意。随着研究的深入，考古学家们逐渐认识到这些木棒的重要性，它们是演奏编钟时不可或缺的击奏工具。

曾侯乙墓彩漆撞钟木棒采用优质木材制成，表面施以彩绘，色彩鲜艳，图案精美。这种彩绘工艺不仅体现了古代工匠的高超技艺，也反映了当时人们对美的追求和审美情趣。（图1-31）根据出土文物描述，这些撞钟木棒长逾2米，直径适中，便于演奏者手持并敲击编钟。撞钟木棒敲击编钟能产生回响、共鸣，以达到奏乐之目的。木棒的形状可能因实际使用需求而有所差异，但总体上应满足敲击编钟的力学要求。

曾侯乙编钟音域宽广，音色优美，音质纯正。彩漆撞钟木棒作为演奏工具之一，对于展现编钟的音乐魅力具有重要作用。通过不同木棒的敲击组合和力度控制，人们可以演奏出丰富多样的旋律和节奏，体现了古代音乐文化的高度发达和繁荣。曾侯乙墓彩漆撞钟木棒不仅是古代音乐文化的实物见证，也是研究古代社会生活、文化艺术、科技发展等方面的重要资料。

图1-31　曾侯乙墓的撞钟木棒及装饰纹样示意图

二、九连墩楚墓出土楚木胎漆乐器总况

1. 九连墩楚墓简介

九连墩战国楚墓位于湖北省枣阳市东南25公里之处的吴店镇东赵湖村，是战国中后期、楚国鼎盛时期的墓葬。该墓群由9座南北走向的大中型墓葬封土堆组成，绵延约3000米，是全国已发掘的楚墓中规模最大、保存最完好、最壮观的车马坑古墓群。湖北省文物局集结省内外的考古专家，对九连墩进行了系统的考古发掘，成果斐然。该墓有四个主要亮点：第一，首次在此地发现了包含11个古墓的陵园遗址，为研究战国时期的墓葬制度提供了重要线索；第二，通过科学发掘，出土了迄今为止最大的鼎，其精湛的工艺和巨大的体量令人叹为观止；第三，墓中首次发现了种类齐全、规模宏大的成套木制乐器，这些乐器不仅展现了当时音乐文化的繁荣，还为研究古代音乐史提供了实物资料；第四，墓中的车马坑规模之大在全国同类型墓中罕见，进一步凸显了九连墩战国楚墓的重要地位和价值。九连墩战国楚墓的发掘对于研究战国时期的楚国历史、文化、军事、经济等具有重要意义。出土的文物不仅数量众多，而且种类丰富，为研究古代社会提供了宝贵的实物资料。

九连墩战国楚墓出土的乐器种类丰富，数量众多，充分展示了战国时期楚国音乐文化的繁荣与精湛工艺。经发掘，枣阳九连墩楚墓共出土22件乐器，有编钟、编磬、虎座鸟架鼓、扁鼓、瑟、篪、排箫、笙、舂牍、雅、柷等新的乐器种类。这些古乐器种类繁多，保存完好。（出土乐器见表1-2）九连墩战国楚墓出土的乐器制作工艺精湛，无论是金属乐器的铸造还是木质乐器的雕刻都达到了很高的水平。

表1-2 九连墩楚墓出土的乐器概览

器物种类	出土数量与种类	装饰铭文
编钟	1套	错金铭文
甬钟	11件	错金铭文
挂辖	11件	云纹、兽面纹
钟槌	4件	无装饰
编磬	1套	云纹
磬石	19块	无装饰

续表 1-2

磬槌	2件	无装饰
虎座鸟架鼓	1件	菱形纹、卷云纹
悬鼓	1件	卷云纹、龙纹、凤纹、虎纹
鼓槌	2件	三角云纹、禅纹
扁鼓	1件	卷云纹
瑟	5件	卷云纹
篪	4件	弦纹、云纹
排箫	2件	未见装饰
春牍	1件	卷云纹
笙	6件	未见装饰
雅	1件	弦纹
柷	1件	未见装饰

　　九连墩战国楚墓出土的乐器种类涵盖了打击乐器、弹拨乐器和吹奏乐器等多个类别，展示了战国时期楚国音乐文化的多样性。这些乐器在地下埋藏了数千年仍能保存至今，实属不易，为我们研究古代音乐文化提供了宝贵的实物资料。九连墩战国楚墓出土的乐器不仅是古代音乐的实物见证，更是楚国历史文化的重要载体。它们对于研究战国时期的社会生活、文化艺术、科技发展等都具有重要意义。

2．九连墩楚墓木胎漆乐器概览
（1）打击类乐器
①虎座鸟架鼓

　　《楚辞》中有关凤的描述共出现数十次。楚人认为凤是不死之灵，是真、善、美的化身，能除恶消灾。与此同时，与楚相邻的吴越与巴楚先民喜虎蛇，所以为了展现凤的威风，它常以踏虎背、啄蛇斗虎的形象出现。虎座鸟架鼓便是这种思想的具体表现之一。

　　作为古代音乐中不可或缺的打击乐器，九连墩楚墓中也出土了多种鼓类乐器。其中最具代表性的是虎座鸟架鼓，其造型独特、精美绝伦，是楚文化的典型代表物。虎座鸟架鼓亦称"虎座凤鸟悬鼓"。据《隋书·音乐志》

记载:"革之属五:一曰建鼓,夏后氏加四足,谓之足鼓;殷人柱贯之,谓之楹鼓;周人悬之,谓之悬鼓。"[1]虎座凤鸟悬鼓以鼓框悬挂于两凤鸟之间为特色。虎座鸟架鼓是楚地特有的一种乐器,在楚墓中出土数量较多,自1960年以来共出土四十余座,遍及湖北、湖南、河南各省的楚贵族墓。其中九连墩楚墓和荆州地区楚墓群出土的虎座鸟架鼓保存最为完好。

九连墩楚墓的虎座鸟架鼓(图1-32)出土于2号墓。该架鼓以红、黑二色为基本色调,卧虎匍匐于六蛇缠绕的浮雕底座(图1-33)之上,凤

图1-32 九连墩楚墓出土的虎座鸟架鼓

图1-33 虎座鸟架鼓六蛇缠绕的浮雕底座

---

1 魏徵等:《隋书·音乐志》,中华书局,1973,第376页。

立于虎背，鼓悬挂在两凤鸟之间。《考工记》曾如是描述此雕刻技艺，"深其爪，出其目，作其鳞之而……其匪色必似鸣矣"[1]，似乎对应了虎座鸟架鼓的外形。托起鼓的凤鸟昂首雄立，振翅欲飞，凤身着彩华丽，气宇非凡。架鼓还配有两只憨态可掬的小虎，使得鸟架鼓庄重而不失亲和力。

作为服务统治阶级的乐器，虎座鸟架鼓的观赏功能不可缺少。夸张的造型传达出抽象的音乐意境，而击打鼓点时更让观者恍闻凤鸣。在虎座鸟架鼓出现的战国中晚期，漆木器以其灵巧与轻便的优点逐渐取代了青铜器，走进贵族阶层与平民百姓的日常生活。在发掘时，虎座鸟架鼓并未与鼎、簋等青铜礼器摆放一处，而是位列手鼓、琴、瑟等乐器之中。在满足世俗宴飨的基本需求之后，虎座鸟架鼓也起到礼器的作用，但由于并非典型礼器，其造型装饰更具个性化色彩，充满了浪漫主义气息。

②扁鼓

九连墩楚墓出土的扁鼓（图1-34）体型较小，高11.9厘米，直径32厘米。整个鼓体呈桶状，中间隆起而两端窄平。鼓框由多块木质漆板拼合而成，拼合处由竹钉固定，鼓框上还绘制有卷云纹。

图1-34　九连墩楚墓出土的扁鼓

---

[1] 孙诒让：《周礼正义·冬官考工记》，中华书局，2013，第3383页。

（2）弹拨类乐器

以瑟为例。

九连墩楚墓共出土 7 件瑟（图 1-35）。这些瑟制作精良，弦数不等，展示了战国时期楚国乐器的高超制作工艺。瑟的形制、大小、弦数等可能因具体出土位置、保存状况等因素而有所差异。虽然历经数千年埋藏，但部分瑟仍保存相对完好，甚至保留了当年的弦，这对于研究古代弦乐器的演奏方式和音色特点具有极高的价值。

图 1-35　九连墩楚墓出土的瑟

瑟作为古代音乐文化中的重要乐器之一，其出土不仅丰富了我们对战国时期楚国音乐文化的认识，也为后世了解古代人们的生活方式、审美情趣等提供了重要线索。

九连墩楚墓出土的这 7 件瑟的弦孔均为 23 个，瑟的底部与顶面上雕制有鹤、鹿等纹样，两侧雕有莲花纹和堆叠的卷云纹。在制作时，面板、底板、侧板和挡板四个部分是分开完成的，最后拼接成完整的瑟。

（3）吹奏类乐器

①竹篪

竹篪作为古代吹奏乐器的重要代表之一，其出土为我们研究战国时期楚国音乐文化提供了重要实物资料。通过竹篪的形制、制作工艺和演奏技巧等方面的研究，我们可以更深入地了解古代音乐的风格和特点。竹篪的出土还反映了战国时期楚国社会的文化繁荣和礼乐制度的完善。这些乐器不仅用于宫廷演奏和祭祀活动，还广泛流传于民间，成为当时社会生活中不可或缺的一部分。

九连墩楚墓共出土4件篪，其中只有一件保存相对完整（图1-36）。除纹样（图1-37）与曾侯乙墓出土的篪不同外，其余方面如制作方法、吹孔位置和吹奏方式等均大致相同。

图1-36 九连墩楚墓出土的竹篪

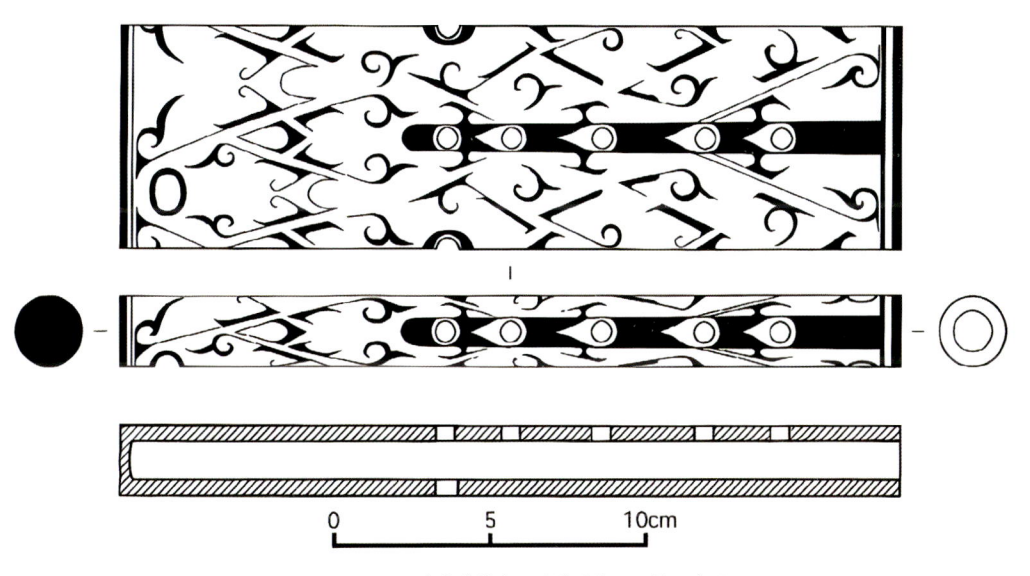

图1-37 九连墩楚墓出土竹篪的表面纹样示意图

②排箫

九连墩楚墓出土的排箫由多根不同长度的竹管并排组成，每根竹管均经过精细的加工处理。竹管表面光滑，壁厚均匀，显示出高超的制作工艺。排箫的管身通常呈直线或微曲状，管径自长至短逐渐减小，以形成不同的音高。管身上端设有吹口，下端封闭，或留有气孔以调节音量与音色。

排箫的制作过程包括选材、切割、打磨、开孔等多个环节。选材时须选择质地坚硬、密度适中且不易变形的竹材；切割时须确保竹管长度与直径的精确性；打磨则须使竹管表面光滑无瑕疵；开孔则须根据音律要求精准定位并打孔。整个制作过程需要匠人具备高超的技艺与丰富的经验才能完成。

九连墩楚墓共出土2件排箫（图1-38），共有箫管13根，局部有破损，其造型及功能等与曾侯乙墓中出土的排箫相差无几，其表面的纹样呈几何形（图1-39）。

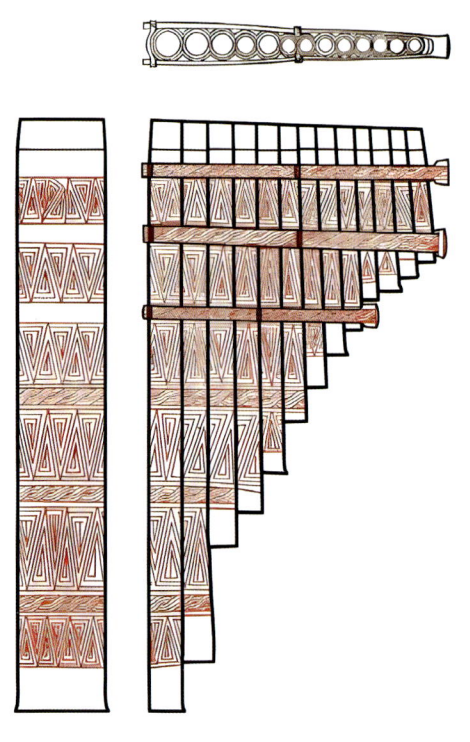

图1-38　九连墩楚墓出土的排箫　　　　　　图1-39　排箫装饰纹样示意图

③笙

九连墩楚墓 1 号墓出土了 2 件笙，2 号墓出土了 4 件笙。

这些出土的笙大部分部件已破损，多为残散状态，笙管与笙斗已脱开，但笙斗、笙管、簧片三部分依然保存完好，经现代技术修复能够复原为完整的笙（图 1-40）。笙由笙斗、苗管（竹管）和簧片三部分组成。笙斗既有用长柄葫芦制作的，也有用木头制作的；苗管为芦苇质，长短不一，分前后两排并列；簧片则由薄竹片削制而成，其样式与现代的笙簧十分相似。

笙作为古代重要的簧管类乐器之一，其出土不仅丰富了我们对战国时期楚国音乐文化的认识，也为研究古代乐器的制作工艺和演奏技巧提供了宝贵的实物资料。此外，笙在古代音乐文化中占有重要地位，是礼乐制度中的重要组成部分，其出土反映了当时社会的文化繁荣和礼乐制度的完善。

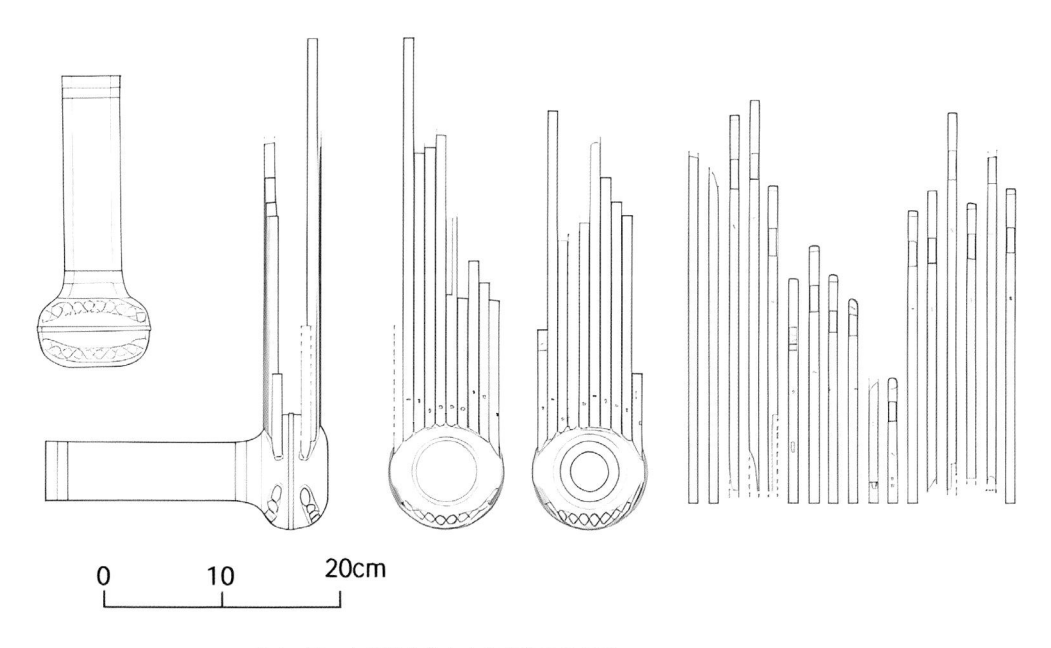

图 1-40　九连墩楚墓出土的笙结构修复图

（4）新式乐器

①舂牍

出土于九连墩楚墓的舂牍（图1-41），为一种顿奏体鸣乐器。它由一整支竹竿制成，呈长筒形，中空，无底，共有7节。现仅存一小段，可见两个竹节。演奏时须双手并用，将其置于地面，用手掌拍打奏乐。

图1-41 九连墩楚墓的舂牍

②雅

关于雅的外形，东汉学者郑玄曾多次描述。他在《周礼·春官·笙师》的注解里写道："雅，状如漆筩而弇口，大二围，长五尺六寸，以羊韦鞔之，有两纽，疏画。"[1] 又在《乐记》的注解里写道："雅，亦乐器名也。状如漆筩，中有椎。"[2] 因此，出土于九连墩楚墓的弯角形筒状器很可能是"雅"（图1-42）。它由一整段木材制作而成，保存较为完好。它的主要制作方法是将中心凿空，外型凿平，并在两节处凿出圆环形的凸箍。凸箍上绘有弦纹，角形器内部装有细竹竿。

图1-42 九连墩楚墓出土的雅

---

[1] 孙诒让：《周礼正义·春官宗伯》，中华书局，2013，第1894页。
[2] 同上，第2283页。

③柷

《尚书·益稷》写到柷的用法——"合止柷敔"[1]。郑玄注解道："柷，状如漆筩而有椎。合乐之时投椎其中而撞之。"[2] 意为音乐开始时击柷，音乐结束时击敔。九连墩楚墓出土的柷分为体、椎两部分，通高 18.2 厘米，口长 30 厘米，宽 29.2 厘米（图 1-43）。其主体部分由一整段木柱削制，呈方形，并髹以黑漆。柷口呈圆形，内部中空，深腹。外壁经削制，伴有一木椎。木椎为圆柱形木棒，其两端固定有铜套，铜套一边隆起，另一边则相对平整。柷主要用于宫廷雅乐，使用时将主体底部朝上，以木椎击奏发声。

图 1-43 九连墩楚墓出土的柷

1《尚书正义·益稷》，孔颖达正义，方向东点校，中华书局，2021，第 302 页。
2 聂崇义：《新定三礼图》卷五，中华书局，1992，第 41 页。

第二章 楚木胎漆乐器的美学特征

通过对曾侯乙墓及九连墩楚墓出土的楚木胎漆乐器的细致研究，我们能够窥见古代工匠卓越的髹漆技艺、非凡的设计创意及器件所蕴含的天人合一的造物理念。在此过程中，我们亦能学习楚木胎漆乐器的制作工艺，进而实现古为今用的目的，即通过借鉴与改良古代技艺的方式，为当代文化艺术领域注入新的生机与活力。

此外，我们对楚木胎漆乐器的研究，致力于还原楚国艺匠制作楚木胎漆乐器的完整流程，这涵盖初步构思、图稿设计、精细雕刻至髹漆装饰的全过程，旨在揭示古代漆器制作的全貌。鉴于此，对楚木胎漆乐器美学特征的深入剖析显得尤为重要，它不仅是楚木胎漆乐器制备工艺研究的核心所在，更是一个由形入神、再由神返形的探究过程。

本章内容主要分为两大板块：一是深入探讨器物的本体美学，聚焦于其材料、工艺、形制及色彩等维度所展现的艺术魅力；二是剖析器物的美学内涵，客观审视器物的功能、思想文化等方面的融合。

第一部分，我们将详细剖析器物本体之美的多重层面。

首先，材料作为器物构成的基石，其质感、纹理及色泽直接影响器物的整体美感。每一种材料都以其独特的语言诉说着自己的故事，赋予器物以生命。

其次，工艺是展现器物之美的重要手段。器物的精致不仅体现了匠人的高超技艺，更在细微之处彰显了匠心。无论是雕刻的细腻、髹饰图案绘制的生动，还是创意构思的巧妙，都让人在赞叹之余，感受到一种超越物质层面的精神追求。

形制作为器物的外在形态，也是其美感的重要组成部分。合理的比例、流畅的线条、独特的造型，都能让人在视觉上得到极大的满足，进而产生美的共鸣。色彩的运用更是锦上添花，它如同器物的灵魂，色彩语言丰富。

第二部分，我们将从更深层次探讨器物的美学内涵。

首先，从创造主体的角度来看，器物的制作不仅仅是一种物质生产活动，更是一种文化创造过程。每一件器物都蕴含着创造者的思想、情感与价值观，是他们对世界认知与理解的物化表达。

其次，从审美主体的角度来看，器物的美学内涵还体现在其社会文化认同上。在不同的历史时期、地域文化和社会环境中，人们对器物的审美观念会有所不同，但无论如何变化，那些能够引起人们共鸣、满足人们精神需求的器物，总能获得广泛的社会文化认同，成为时代的经典。

器物的本体美，源于其自身结构、材质、色彩、纹样等方面的和谐与美感，独立于器物的功用和象征意义。它是一种纯粹的审美体验，直接触动人们的感官，让人们感受到物质世界中的美。器物的本体美首先体现在其结构和形态上。一件器物，其结构是否合理，形态是否优美，直接影响着它的美感。例如，一件精美的陶瓷器，其比例协调，线条流畅，就会给人一种赏心悦目的感觉。而一件结构混乱、形态怪异的器物，则很难让人产生美感。从材质和色彩的角度来说，不同的材质和色彩的搭配会使器物表现出不同的质感、光泽和氛围。例如，一件用木材制作的器物，其自然的纹理和朴素的色彩，会给人一种亲切自然的感觉。器物表面的纹样同样重要。表面纹样简约的器物给人平淡天真之感，而表面纹样繁复的器物则更显精美和富丽。乐器作为一种特殊的器物，其本体美更具独特的魅力。乐器的本体美不仅体现在其结构和形态上，更体现在其与声音的结合上。一件乐器，其结构是否能够完美地传递声音，其形态是否能够与声音产生共鸣，直接影响着它的美感。例如，一把古琴，其结构精巧，音色清脆，琴身优美，就会给人一种优雅、宁静的感觉。乐器的本体美，不仅体现在视觉上，更体现在听觉上，它将器物的形式美与声音的美感完美地融合在一起，创造出一种独特的审美体验。

本章旨在通过对器物本体之美与美学内涵的深入探讨，揭示器物作为文化载体的独特魅力与价值。希望读者能够从中感受到器物的生命力与美学深度。

一、楚木胎漆乐器的本体美

1．造型之美

作为创造审美对象、传递审美意识的手段之一，造型直接作用于观赏者的视觉感官，凭借审美直观来展示艺术品的审美趣味，通过外体轮廓、质感、肌理、色彩等来表达创作者内心的情感。战国楚墓出土的漆木乐器有弹拨类、吹奏类、打击类等多种类型，包括鼓、篪、笙、琴、瑟、排箫等品种，数量众多，每一件都诉说着两千多年前的鲜活历史。其工艺之繁复，制作之精良，让人赞叹不已。

战国时期，楚国作为南方的重要诸侯国，其漆器制作达到了极高的艺术成就，尤以漆木乐器为甚。这些乐器不仅具有实用价值，更是艺术与技术的完美结合体。笔者总结出战国楚墓漆木乐器的基本造型特征：

（1）整体形态

战国楚墓出土的漆木乐器，如虎座鸟架鼓、编钟架等，其整体形态均呈现出一种简洁大方的美感。这些乐器在设计上追求线条的流畅与比例的协调，既符合乐器的使用功能，又体现出一种超越实用的艺术追求。例如，虎座鸟架鼓以两只相对而立的虎座为支撑，凤鸟立于虎背之上，整体造型既稳定又生动，展现出一种简洁而不失力量的美感。

（2）细节构造

在细节构造上，战国楚墓漆木乐器同样体现了简洁大方的原则。这些乐器往往通过简洁的线条和精致的雕刻来展现其独特魅力。例如，虎座鸟架鼓上的凤鸟形象，虽然造型复杂，但线条流畅、雕刻精细，整体给人一种清新脱俗之感。同时，乐器上的纹饰也以简洁为主，多为几何图案或抽象纹样，既美观又富有象征意义。

（3）材质与工艺

战国楚墓漆木乐器在材质与工艺上也体现了简洁大方的特征。这些乐器多采用优质木材为原材料，经过精心雕刻和细致打磨后，再施以精美漆饰。漆饰色彩鲜艳、光泽度高，不仅增强了乐器的美感，还起到了保护作用。楚国匠人在制作过程中运用了多种技艺手法，如透雕、浮雕等，使得乐器在简洁大方的基础上更精美。

战国楚墓漆木乐器的简洁大方，蕴含了深厚的美学价值。这种简洁大方的造型特征符合古代人们对美的追求与理解，即"大音希声、大象无形"，强调在简约中寻求真谛与美感。同时，这种美学价值也体现了楚国文化的审美取向。

当然，对具体的战国楚墓漆木乐器进行深入分析，将更具说服力。接下来，我们以漆木古琴造型演变为例，深入探讨楚式漆木乐器的造型之美。

对漆木古琴造型的分析主要包括两个方面：古琴的形制与式样。先从古琴的形制说起。形制指古琴的基础构造，比如琴的尺寸大小、琴弦和琴徽的数量及它们在琴体上的具体位置。目前考古发现的战国古琴，主要出土于原楚国范围内的湘、鄂两省。例如，战国初期曾侯乙墓出土的十弦琴、长沙五里牌战国晚期墓出土的彩绘琴、湖北荆门郭店村一号战国中期墓出土的七弦琴等。曾侯乙墓出土的十弦琴古琴面板呈曲线，琴头微上昂，腰部下凹，尾部上翘，下仅一足，其形象与传说中的夔龙相似。另有荆门郭店村七弦琴，形制古朴，琴面略呈弧形，底板平坦。在演奏时，七弦琴的音量较小，共鸣效果也不太好，演奏技巧侧重右手，操作起来具有局限性。以上提到的琴形制基本相同：面板与底板分离，面板又分为半箱体和实木长尾两部分，尾端稍上翘，末端有过弦凹口，琴弦数量不固定；背面有一长方形足池，安有一方形系弦轴。它们的面板上都没有琴徽，有效弦长也明显短于后世。它们亦可称为半箱式一足无徽琴，与今天所见的古琴形制有很大不同。

古琴的式样则是在形制发展成熟的基础上，对古琴的外观造型所作的多样化的视觉塑造，以增强其装饰性与美感。在众多式样中，较为常见的类型有仲尼式、伏羲式、神农式、蕉叶式和此君式。

仲尼式（图2-1），又称孔子式、夫子式，属于传统琴式，传说是孔子创制的式样。根据《中国古琴珍萃》以及其他史料对古琴数量的记载，此式样在目前所知古琴式样中数量最多。仲尼式造型十分简洁，几乎没有多余的线条，琴的肩、颈和束腰呈方形内收，给人简洁内敛、方正不苟之感。

伏羲式（图2-2）与神农式是典型的托古之作，以古代帝王的名字命名。由于造型较为相似，两种式样可进行类比论述。伏羲式与神农式的琴首都呈圆润的弧度，由颈部开始向内收。两种样式只在束腰处有所不同：伏羲式双弧略显厚重，神农式腰部造型则更为简洁，直接收至琴尾，造型与古代农具耒相似。

蕉叶式（图2-3）的琴身与蕉叶的形状相似，故得此名。相传此式为闽人刘伯温所创，所以又称刘伯温式。

此君式又名阮竹式、竹节式。蕉叶式与此君式是古琴式样中仿生风格的代表，在造型上模仿蕉叶和竹子的自然形态，寓意则取自蕉叶的风雅和竹子的清高，与文人雅士心之向往的高风峻节有异曲同工之妙。

《新论·琴道十六》记载："昔神农继伏羲王天下，梧桐作琴，三尺六寸有六分，象期之数。厚寸有八，象三六数。广六寸，象六律。上圆而

图 2-1　仲尼式　　图 2-2　伏羲式

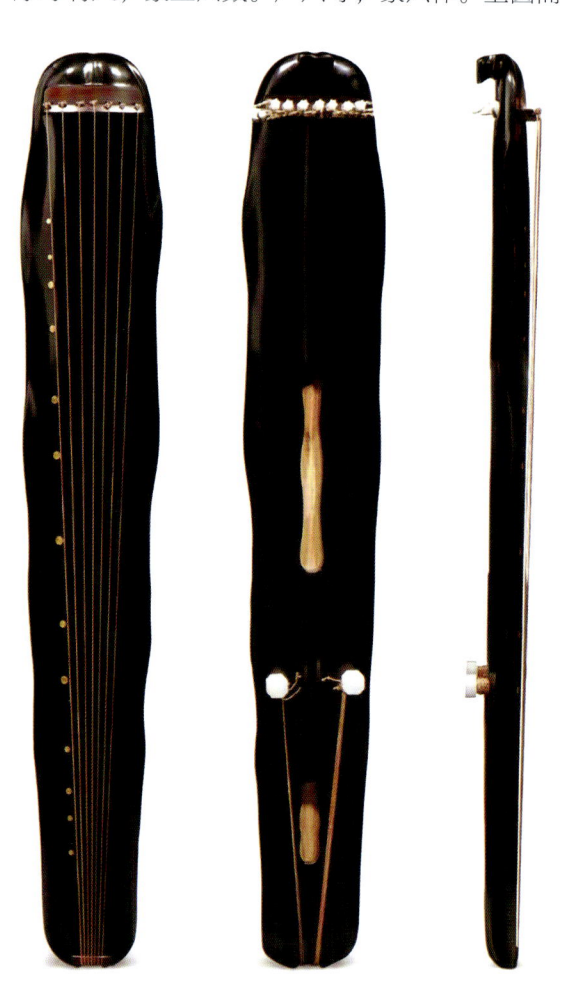

图 2-3　蕉叶式

敛，法天。下方而平，法地。上广下狭，法尊卑之体。"对琴道的描述体现了古人"制器尚象"的心理，天地自然、阴阳调和、人伦道德、君臣尊卑等法则都与制琴之术紧密相连。

古琴的各个部件以天地自然或人的身体部位命名，如额、颈、肩、腰、尾、足等（图2-4），与道家文化"道法自然"的信条不谋而合。

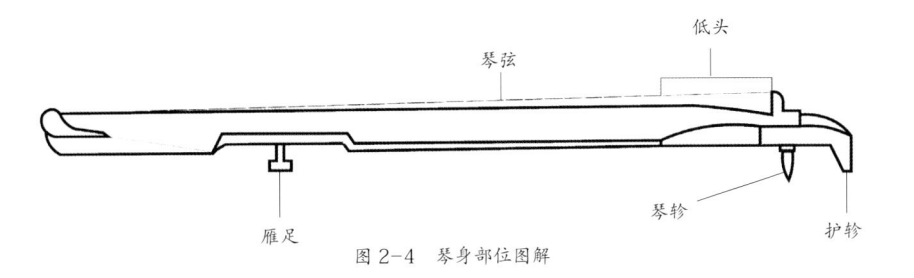

图2-4 琴身部位图解

琴首（图2-5）的上部称为额。额的下端有硬木用于架弦，名为"岳山"，又称"临岳"。岳山靠近额的一边镶有硬木条，称为"承露"，用于承接琴弦的拉力。承露之上排列着七个"弦眼"，用来穿系琴弦。其下有7个"琴轸"，《说文》中说"轸，车后横木也"[1]，在古琴中，轸为调弦的部件。琴头的侧面，有"凤舌"和"护轸"。琴弦穿过琴身的上方，琴身标有用于辨别音位的琴徽。在魏晋南北朝的画像砖出土以前，并无琴徽数量的史料记载，直至在画像砖上首次发现琴徽，相关的研究才得以展开。古代的琴徽数量不等，

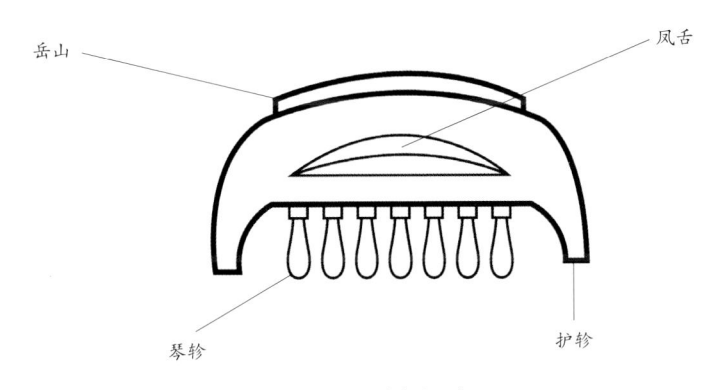

图2-5 琴首部位图解

---

[1] 许慎：《说文解字》，中华书局，2013，第303页。

现代制作的琴徽数量相同，皆为 13 个。古琴琴身自腰以下，称为"琴尾"。琴尾也镶有硬木条，称为"龙龈"。琴腹上有两个音孔，大的孔叫作龙池，小的叫作凤沼。琴底支撑的部分称为"雁足"。相传古代用大雁传书，大雁是迁徙的候鸟，信守时间，成群聚集，组织性强，便有"鸿雁传书"的说法。总的来说，琴身上部圆滑内敛法于天，下部方正平坦法于地，琴首广而琴尾窄，这些设计象征着君臣尊卑秩序，由此体现出儒家思想的影响。

曾侯乙墓出土的十弦琴是如今最著名的木胎漆乐器之一。十弦琴通长 67 厘米，与现今通行的琴相比显得较为短小。琴身由整木雕成，分为音箱和尾板两部分。音箱近长方体，活动底板着地，音箱内空，底面有二孔与内相通；尾板长弧形，微上翘而悬空，尾端有勒弦痕迹。整体形态简洁大方，既体现了古代乐器的实用性，又不失其艺术美感。十弦琴的面板长 41.2 厘米，宽 18.1 厘米，浮扣在底板上形成音箱。琴面圆鼓有波状起伏，无徽。首端设有 10 个弦孔，岳山存勒弦痕迹。这些细节构造不仅展示了古代工匠的精湛技艺，也体现了战国时期人们对乐器的精益求精。

曾侯乙墓十弦琴的造型简洁大气，既体现了战国时期人们追求简约的审美观念，也符合当时社会崇尚肃穆大气、庄严规整的文化氛围。这种造型美学特征不仅体现在乐器的整体形态上，也渗透到其细节构造之中。十弦琴作为古代乐器之一，其首要功能是演奏音乐。然而，在追求实用性的同时，古代工匠们并未忽视其审美价值。凭借精湛的技艺和独特的造型设计，十弦琴成了一件集实用性与审美性于一体的艺术品。这种实用与审美的统一不仅体现在乐器的材质与工艺上，更体现在其造型美学特征之中。

2016 年，湖北枣阳曾国墓出土了一张古琴（图 2-6）。这张古琴琴弦数量尚不明确，但从琴身宽度来看，弦的数量应不小于 10。早期的古琴处于形制演变阶段，与后来成熟时期的外观有较大差别；成熟之后的古琴只在式样上略微变化。尽管如此，早期古琴已具有初期形制的雏形，通过琴底二孔、岳山、隆起的琴面、琴轸以及琴弦的数量可知，由十弦发展到后来的七弦再到定型，楚国先民探索音律初显成效。

战国曾侯乙墓的十弦琴、周朝的"号钟"、春秋楚庄王的"绕梁"、西汉司马相如的"绿绮"、东汉蔡邕的"焦尾"，一直到唐代名动天下的灵

图 2-6　枣阳曾国墓出土古琴

机式"独幽"、神农式"大圣遗音"、伏羲式"九霄环佩"、连珠式"春雷"等，古琴的式样随着时间以及人们对乐理知识的理解而不断变化着。

2. 色彩之美

色彩是眼球最先感知到的内容，能给视觉带来最强的冲击力。明和暗、浓和淡、浅和深，以及不同色相颜色的排列与对比都能给人带来不同的感受。在先秦时期，人们对颜色已经有了系统的理解，出现了五色的概念。《周礼·考工记》写道："东方谓之青，南方谓之赤，西方谓之白，北方谓之黑，天谓之玄，地谓之黄。"[1] 古代庞大而繁复的色彩体系，还有待人们深入研究。

如天地山川、日月星辰一般，古人赋予五色以不同的意义，并与五行相对应。有关颜色的词语出现在殷商甲骨文中有五个，分别是幽、黄、黑、白、赤。[2] "黑"这一类包括了黑色、绿色和蓝色，也可算作"黑"色一类之中。这一时期还未出现与五行相关联的青。在当时的殷墟卜辞中可以看到，殷人在祭祀的时候已经给不同颜色赋予不同的意义。春秋后期，"五行"观念逐渐进入人们的日常生活中，加上当时"五方"的数术化方位观念影响，社会中的各个方面都出现了"尚五"现象。约在西周中期至春秋中期之间，

---

1 孙诒让：《周礼正义·冬官考工记》，中华书局，2013，第 3305 页。
2 杨逢彬：《关于殷墟甲骨刻辞的形容词》，《古汉语研究》2001 年第 1 期，第 63—68 页。

"青"被纳入五色之中，《老子》《庄子》《孙子兵法》等都曾提及五色。从此以后，赤、黄、白、黑四色变成了赤、黄、白、黑、青五色，代表五种物质的五行与五色便有了密不可分的联系，这种联系为后世工艺色彩的运用提供了依据和参照。

夏、商、西周时期，漆木乐器数量少而珍贵，主要作祭祀之用。有些乐器上存在多层漆皮，一方面说明那时的髹漆技术已有很大进步，另一方面说明人们意识到一层漆皮太过单薄，无法更有效地延长漆木乐器的保存时间。而有些器物表面已有光滑柔润之感，说明器物胚胎经过精细打磨，同时漆的杂质也较少。此类漆器虽不如后来的漆器光鉴照人，但也表明先民初步掌握了工艺技法。由于工艺限制，此时的漆色较少，主要为朱、褐、黑三种。

战国时期，楚国漆器工艺达到了前所未有的高度，漆木乐器作为其中的杰出代表，以其独特的造型与丰富的色彩赢得了世人的赞誉。楚人在制作漆器时不吝惜使用色彩，对于色彩的把控也独具匠心。战国楚墓出土的漆木乐器在色彩运用上就较为丰富，主要包括红、黑、黄、金等多种颜色。其中，红色象征热烈与活力，黑色代表沉稳与庄重，黄色增添了一抹明亮与温暖，而金色则赋予乐器以高贵与华丽。这些色彩的巧妙搭配，使得漆木乐器在视觉上呈现出一种和谐而丰富的美感。

从曾侯乙墓出土的文物来推测，这一时期漆木乐器的数量大幅增长，胎骨的种类增多，完全不同于前期仅有素漆木胎的情况。漆木乐器普遍通体髹黑漆，再施以丰富的彩绘或镶嵌金银珠宝。这说明当时的制漆业得到了飞速的发展。在漆木乐器的施彩方面，在朱、褐、黑的基础上，战国时期还增加了金、灰白、深红等颜色。虽然色种较之前有所丰富，但红、黑二色的使用频率仍然最高。河姆渡文化遗址出土的朱红漆木碗表明，在石器时代，人们在制作工艺品时就采用了红、黑二色。

中国人自古就有对红色的崇拜。《史记·楚世家》载："复居火正，为祝融。"[1] 楚人与火的关系非常密切。楚人相传是祝融的后代，楚民有着祭

---

1 司马迁：《史记·楚世家》，中华书局，1982，第1689页。

祀火的传统习俗，认为熊熊火焰能赐予他们无穷的力量。火的颜色是红色，红与火在楚人心目中具有神秘而崇高的地位。在楚木胎漆乐器的髹饰上，红色漆的用量非常大。楚人在漆中添加朱砂，使器物颜色鲜艳，利于保存。朱砂生长于石灰岩中，在《天工开物》中有记载："上好朱砂出辰、锦与西川者。"[1] 辰、锦为今湖南辰溪、麻阳一带。良好的地理环境为楚国提供了上等的朱砂资源，为漆木乐器的生产制作提供了稳定的原料供应，确保了漆制品的质量。

在古代传统的色彩观念中，有"天玄地黄"的说法。《说文解字》对"玄"进行过解释："幽远也。黑而有赤色者为玄。象幽而入覆之也。凡玄之属皆从玄。"[2] "玄"即黑色，是古代先民所获取的第一种色彩，生漆本色也为黑色。在楚人的色彩观念中，黑色有着沉重而庄严的神秘感。

黑色属于明度较低的中性色，用于器物之上，显得博大且沉稳。红色属于暖色系，色彩饱和度高、色度鲜艳。因此，楚木胎漆乐器的内表面多以红漆髹涂，在黑底上用红色彩绘花纹。黑与红便成为楚漆器的基本色。黑与红的色彩搭配也沿用至今，成为一种经典的传统配色。

随着漆工艺的飞速发展，楚漆器在原本红黑二色的基础上，发展出繁复多彩的图案和纹样。楚国匠人在制作漆木乐器时，遵循了一定的色彩搭配原则。他们善于运用对比与协调的手法，使得乐器的色彩既对比鲜明又和谐统一。例如，红、黑两色的搭配在楚国漆器中极为常见，这种配色方案不仅具有鲜明的视觉效果，还蕴含着深厚的文化意蕴。此外，金色与黑色的搭配也常用于装饰乐器的关键部位，以突出其尊贵与高雅。虽说使用的颜色变多，但注重色彩搭配的工匠并未破坏漆器的美感。在红与黑的基础色上，工匠艺人用黄、蓝、绿、金、银、白等配色描绘装饰纹样，并注意颜色纯度与明度之间的关系。从出土的众多楚漆器来看，富丽典雅是其配色的共同特征。（图 2-7）

战国楚墓漆木乐器的色彩美具有以下特征。

---

1 宋应星：《天工开物》，岳麓书社，2022，第369页。
2 许慎：《说文解字》，中华书局，2013，第78页。

图 2-7　彩绘漆呆口形双耳长盒盖

（1）色彩与造型相融合

战国楚墓漆木乐器的色彩之美不仅体现在色彩的丰富与搭配上，更在于色彩与造型的完美融合。匠人们通过精湛的技艺将色彩巧妙地融入乐器的各个部位与细节之中，使得乐器的色彩与造型相互呼应、相得益彰。这种融合不仅增强了乐器的视觉冲击力，也提升了其整体的艺术价值。

（2）色彩具有文化内涵

战国楚墓漆木乐器的色彩之美还蕴含着深厚的文化内涵。在楚文化中，色彩不仅是视觉上的享受，更是情感与信仰的载体。例如，红色在楚文化中常被视为吉祥与喜庆的象征，黑色与神秘、庄重等意象紧密相连，而金色则代表了尊贵与权力。这些色彩在漆木乐器上的运用反映了楚国人民对于美好生活的向往与追求，也体现了他们对于自然、神灵及宇宙秩序的敬畏与崇拜。

3. 纹样之美

当基础的物质生活条件得到解决，楚人将目光投向更高层次的精神需求。人们将图腾纹样绘制于乐器之上，追求更高的审美价值。无论是楚人生产生活中的服饰穿戴，还是精神生活中的岁时祭祀、丧葬巫觋，纹样装饰的应用无处不在。

楚木胎漆乐器的装饰纹样种类繁多，大致可分为以下几类：

（1）动物纹样：如龙凤、虎豹、鹿鹤等，这些动物在楚文化中具有特殊的象征意义，如龙凤象征吉祥与尊贵，虎豹则代表勇猛与力量。动物纹样的运用不仅增添了乐器的生动性，也寄托了楚人对于美好生活的向往与追求。

（2）植物纹样：包括莲花、梅花、卷叶等，这些植物纹样往往以抽象或具象的形式出现，展现出楚人对于自然的热爱与赞美。植物纹样的运用使得乐器在视觉上更加清新自然，也体现了楚文化中"天人合一"的思想观念。

（3）几何纹样：如云纹、雷纹、勾连纹等，这些几何纹样以其简洁明快的线条和富有韵律感的构图，为乐器增添了一种抽象的美感。几何纹样的运用不仅丰富了乐器的装饰效果，也反映了楚人对于形式美的追求与探索。

（4）神话传说以及生活场景纹样：楚文化中充满了丰富的神话传说元素，这些元素也被巧妙地运用到漆乐器的装饰纹样中。如描绘神话中的奇禽怪兽、神仙鬼怪等形象的纹样，具有神秘的吸引力，反映了楚人对于超自然力量的敬畏与崇拜。

动物纹样主要绘制于瑟上；植物纹样主要绘制在笙上；几何纹样多为适合纹样、二方连续和四方连续，主要绘制在簴、悬鼓等漆木乐器上；神话故事和生活场景出现较少。

春秋晚期，青铜器的装饰风格尚未没落，比如出现在瑟上的纹样仍带有青铜器繁复的装饰风格，主要分布于瑟的首尾两端。1988年湖北当阳县赵巷M4坑出土的两件瑟是目前已知年代最早的瑟，瑟体髹黑漆后加以红、黄、金等色进行彩绘，其中的纹样有龙、凤、兽面、人物、几何形等。另有一例是湖北当阳曹家岗5号墓出土的漆木瑟。除底板外，瑟通体髹漆后施以朱黑彩绘及浮雕装饰，尾部雕饕餮纹和禽、龙等动物图案（图2-8）。档面饕餮纹之上有一只鸟，其后是一只鸷雕类猛禽，身饰鳞纹，尾分两叉，两爪各抓一条龙。龙围绕弦枘，内外两侧雕有对称的龙兽图案。瑟面右端、侧面右端、首档面也雕有对称的几何图形以及龙纹。（图2-9）纹饰以龙凤为主体，以勾连雷纹作装饰，局部有少量几何形纹和边沿装饰[1]，从而形成疏密相间的布局，营造出楚式纹样的秩序美。

---

1 赵德祥：《当阳曹家岗5号楚墓》，《考古学报》1988年第4期，第455—500页和第513—522页。

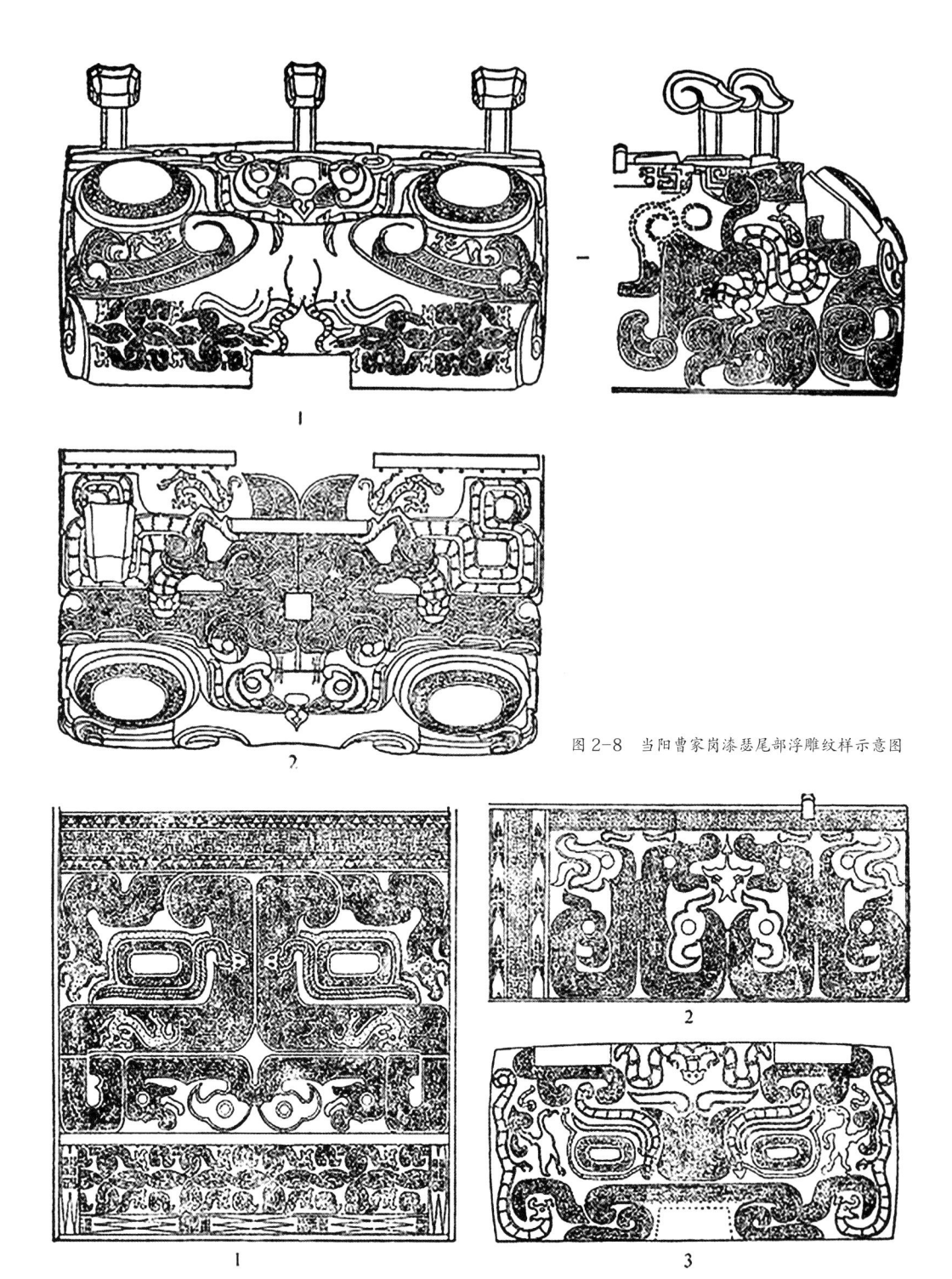

图 2-8 当阳曹家岗漆瑟尾部浮雕纹样示意图

图 2-9 瑟面右端、侧面右端、首挡面纹样示意图

楚式漆器上出现的人物多来自古代神话故事和百姓的日常生活场景，如"后羿射日"（图2-10）、"撞钟图"（图2-11）和曾侯乙墓五弦琴人物纹饰（图2-12）等。其中的人物形象似人非人、似兽非兽，与当时的人文背景有所关联。正如李泽厚在《美的历程》中指出的："儒家在北中国把远古传统和神话、巫术逐一理性化，把神人化，把奇异传说化为君臣父子的世间秩序。"[1]

图 2-10 后羿射日图

图 2-11 曾侯乙漆鸳鸯盒撞钟图

图 2-12 曾侯乙墓五弦琴人物纹饰

---

1 李泽厚：《美的历程》，文物出版社，1981，第67、68页。

楚木胎漆乐器上的图案奇幻诡谲，精美绝伦，展示着欣欣向荣的生机与活力，体现了楚人浪漫且瑰丽的想象力。这与楚国崇巫尚鬼的民风民俗密切相关。王逸在《楚辞章句》中写道："昔楚南郢之邑，沅湘之间，其俗信鬼而好祀，其祀，必使巫觋作乐、歌舞以娱神。"[1] 祭祀是楚国重要的巫术活动。楚民敬仰神灵，他们认为人与天地、生与死、巫鬼与神灵都有着千丝万缕的联系，试图依靠巫鬼神灵的力量增强精神的信念，通过巫术与神灵对话以起到祈福与消灾的目的，摆脱对于未知世界的不安与恐惧。楚巫的降神方法主要是歌舞迎神，祭祀必用巫歌，那么楚漆乐器就成了人与神灵交流的工具。楚木胎漆乐器的纹饰主要表现珍奇异兽与各种自然景象，以表达对天地神灵的敬畏。（图2-13）

楚民族经历多年的吞并战争，拥有了辽阔的疆域。多民族的宗教、传统文化相互融合，这就为手工艺者提供了大量的创作素材，技艺精湛的工匠们便能做出精美的楚木胎器漆乐器。这些乐器演奏出优美动听的旋律，表达对神灵和自然的敬仰，从而祈求来年能够五谷丰登、风调雨顺。

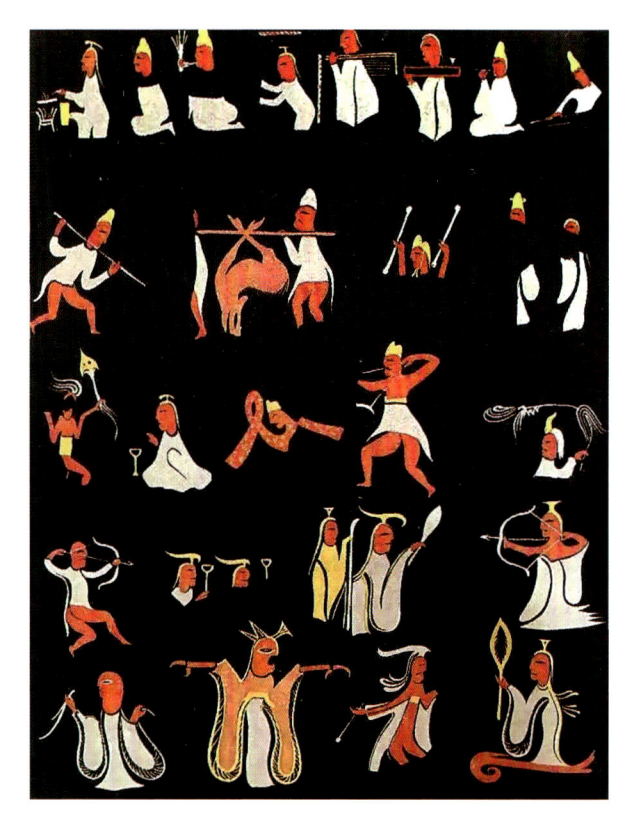

图2-13 信阳楚墓漆瑟形象，出自《河南信阳楚墓出土文物图录》

---

1 朱熹：《楚辞集注·九歌》，岳麓书社，2013，第25页。

就曾侯乙墓出土的漆木乐器纹样而言，不仅有商周两代流传下来的题材，也有一些受楚地独特风俗文化影响而形成的题材。这些题材可分为三种类型：第一类是看不出和现实世界关联的装饰性纹样；第二类取材于神话故事和生活场景；第三类为专为丧葬所创作的题材。

楚木胎漆乐器上的装饰纹样在构图上遵循了一定的法则，主要包括以下几个方面。

（1）对称与均衡：楚人善于运用对称与均衡的构图手法来增强装饰纹样的视觉冲击力。通过左右对称或上下均衡的布局方式，使得纹样在视觉上达到一种稳定与和谐的效果。

（2）疏密有致：在装饰纹样的布局上，楚人注重疏密结合、虚实相生。通过合理安排纹样的分布密度与留白空间，使得整个装饰面既不过于拥挤也不过于空旷，呈现出一种恰到好处的视觉效果。

（3）动态与静态的结合：楚木胎漆乐器上的装饰纹样往往既包含静态的元素也包含动态的元素。如龙凤的飞翔、虎豹的奔跑等动态形象与植物、几何纹样的静态形象相结合，形成了一种动静相宜、生动有趣的视觉效果。

楚式漆器装饰纹样主要有适合纹样、独立纹样和连续纹样三种装饰手法。适合纹样是在一定的轮廓范围内出现的纹样；独立纹样是单独出现的纹样；连续纹样则指同一图案按照某种规律重复出现的纹样。楚式漆器中适合纹样和独立纹样不多见，出现最多是连续纹样，可分为二方连续和四方连续两种。二方连续可细分为边缘连续和带状连续两种，其中边缘连续较多。[1]当阳曹家岗漆瑟侧板（图2-14）以勾连雷纹作装饰，饰两种蟠龙纹：一排为二龙交

图2-14 湖北当阳曹家岗漆瑟侧板残片

---

[1] 史会丽：《曾侯乙墓漆器纹样的审美研究》，陕西师范大学2017年硕士学位论文，第30页。

叉相勾连成方形的二方连续图案，一排为二龙相交、四龙勾连首尾相接的绚索式二方连续图案（图2-15）。两排纹饰以"绾线夹"式几何纹为分界线，左右边框花纹由两行镞形几何纹夹一行雷纹组成边缘连续图案[1]，从视觉上营造出节奏感和韵律感。边缘纤细的连续图形与主体敦厚的图案很好地区分了装饰纹样的主次关系，可谓繁复却不失精巧，既突出了主题，也避免了枯燥的重复。四方连续出现较少，主要存在于云纹、菱形纹等纹样中。

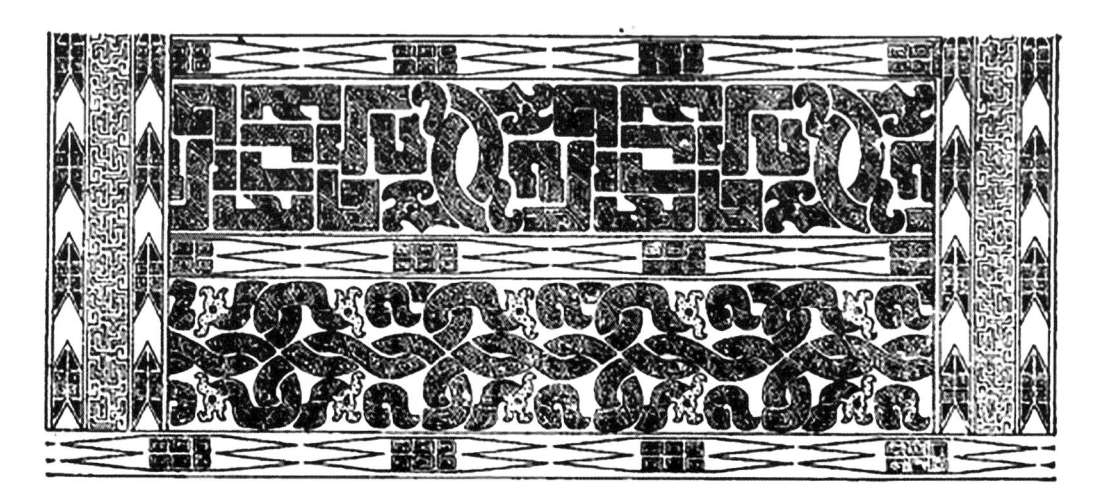

图 2-15 漆瑟侧板纹样示意图

---

[1] 赵德祥：《当阳曹家岗5号楚墓》，《考古学报》1988年第4期，第455—500页和第513—522页。

二、楚木胎漆乐器的审美内涵

1. 审美特征

（1）道与器兼顾

在中国古代文化中，"道"与"器"是两个相辅相成、不可分割的概念。"道"代表着抽象的精神追求、哲学思想与文化价值，而"器"则是实现这些精神追求的具体工具或载体。楚木胎漆乐器，正是这一理念的生动体现。

《考工记》写道："知者创物，巧者述之，守之世，谓之工。百工之事，皆圣人之作也：烁金以为刃，凝土以为器，作车以行陆，作舟以行水，此皆圣人之所作也。"[1] 智者造物"烁金""凝土"的过程是关键。

楚木胎漆乐器的实用功能表现为以下两个方面。

① 音乐演奏的实用性

楚木胎漆乐器不仅具有极高的艺术价值和文化内涵，还具备很强的实用性。在多种场合中，这些乐器都发挥着不可或缺的作用，成为传递情感、营造氛围的重要工具。它们被广泛应用于古代楚国的宫廷、庙宇、民间日常生活等各个领域。在宫廷宴乐中，这些乐器是展示皇家气派与音乐才华的重要工具；在祭祀活动中，它们则是沟通天地、祈求神灵保佑的重要媒介；在民间娱乐中，它们更是人们抒发情感、享受生活的得力助手。这些乐器不仅丰富了古代楚国的音乐生活，也为后世留下了宝贵的文化遗产。

② 工艺技术的实用性

楚木胎漆乐器的制作工艺精湛，体现了古代工匠们高超的技术水平和创新精神。这些乐器在制作过程中采用多种材料和工艺，诸如木材的选择与加工、漆艺的装饰与保护等，都体现了古代人们对实用性的追求。这些工艺技术的应用为后世留下了宝贵的文化遗产和技术经验。

楚木胎漆古乐器不仅以其实用功能满足了古代人们的音乐需求，更以其蕴含的精神之美成为传承文化、寄托情感的重要媒介：

楚木胎漆乐器不仅是音乐演奏的工具，更是文化传承的载体。它们承载

---

1 张道一：《考工记注释》，山西人民美术出版社，2004，第8页。

着楚文化的深厚底蕴，反映了古代人们的审美追求、宗教信仰和社会习俗等方面的内容。通过这些乐器，我们可以窥见古代楚国的社会生活和文化风貌，感受其独特的文化魅力。春秋战国时期，理性精神与原始传统交织着的南中国仍旧保留了一些宗教文化习俗的传统。楚人崇拜祖先颛顼、祝融，尊其为太一和东君，因此楚国器物纹样上出现大量的北极星和凤鸟的形象，这不仅出于装饰需要，更带有象征意义，以满足人的精神需求。

《史记·楚世家》中记载，楚国第六任国君熊渠对外宣称："我蛮夷也，不与中国之号谥。"[1]然而随着时间的推移，统治者不得不开始重视中原礼仪，对其进行学习与模仿，以加强统治。比如，楚成王在位时曾采用极其隆重的礼仪规格来招待晋国公子重耳。楚国器物纹样的象征意义基于当时的社会环境与文化习俗，其中自然离不开礼仪制度的影响。

在艺术表现上，楚木胎漆乐器也展现了深刻的精神之美。它们以其独特的造型、纹饰和音色，传达出古代人们对自然、宇宙和人生的感悟与理解。这些乐器所展现的艺术风格和审美特征，体现了古代人们的审美情趣和创造力，为后世的艺术创作提供了重要的参考和借鉴。

楚木胎漆乐器在制造过程中，高度重视其实用性与精神价值。初期，这些乐器主要聚焦于实用性，审美价值并非首要考量。当时乐器在礼仪、祭祀等场合扮演重要角色，其在演奏功能性诸如音质、色泽及弹奏力度等方面表现出色。着眼于器物本身的使用功能，在乐器的设计制造过程中，工匠们即使关注其装饰审美，也可能多出于防滑、增强结构稳定性及改善视觉效果等实际需求。然而，随着社会生产力的不断攀升与物质生活的日益丰富，人们的审美意识逐渐觉醒并日益增强。这一转变促使工匠们在造物过程中，逐渐融入精神层面的需求，将祭祀仪式及礼制规范等方面的精神功能置于更加重要的位置。

楚木胎漆古乐器实现了实用功能与精神追求的和谐统一。它们既满足了古代人们的音乐需求和生活实用，又承载了丰富的文化内涵。这种"道与器兼顾"的理念不仅体现了古代人们的智慧与创造力，也为后世的文化传承与创新提供了重要的启示。

（2）材美工巧

楚木胎漆乐器的制作体现了《考工记》中"材美工巧"的核心思想，蕴含了深刻的造物思想和设计美学理念。生产作品的过程就是创造美的过程。通过发现生活中的真善美，工艺匠们以审美观念来创造作品，体现人们所共有的审美意识。

---

[1] 司马迁：《史记·楚世家》，中华书局，1982，第1692页。

《考工记》强调"天有时，地有气"，指出造物必须顺应天时地利的自然规律。天时指的是季节气候的变化，地利则指地理条件的影响。这种思想体现了古代中国人对自然界的深刻认识与敬畏，认为人造物必须与自然和谐。例如，《考工记》中提到"橘逾淮而北为枳"，说明环境对植物生长的重要性，此观念同样适用于楚木胎漆乐器的制作。

"材有美"是《考工记》中的另一重要观点，强调材料的选择对工艺品质至关重要。楚木胎漆乐器的制作材料以木材为主，这得益于楚国丰富的森林资源与精湛的木工技艺。木材作为乐器的主要胎体材料，具有材质轻、强度高、易于加工等优点，为乐器的制作提供了坚实的基础。

材料之美不仅在于其外在的色泽、纹理等自然属性，更在于其内在的性能与适用性。楚地工匠善于根据器物的功能需求，合理选择材料，并充分发挥其特性。此外，楚人巧妙地运用漆艺技术对木材进行装饰与保护，使乐器在耐用性与美观性上达到了完美的平衡。

"工有巧"是《考工记》对工艺技术的高度评价。这里的"巧"不仅指技艺的精湛，更指匠人在制作过程中的智慧与创造力。工匠通过长期的实践积累与经验总结，掌握高超的技艺，并结合个人创意，制作出既实用又美观的器物。

楚木胎漆乐器的制作工艺精湛，包括斫木成型、卷木成型、镟木成型等多种方法。工匠们通过斧砍刀削、卷曲拼接等手工操作，将木材雕琢成各种乐器的形态。在胎体成型后，再经过反复髹漆、打磨、抛光等工序，使乐器表面呈现出光滑细腻、色泽亮丽的质感。此外，楚人还善于在乐器上绘制各种图案，如龙凤、云雷、几何图形等，这些图案不仅美观大方，还蕴含了丰富的文化内涵和象征意义。

楚木胎漆古乐器的制作工艺之美主要表现在制胎、雕刻和髹漆三个环节。

①制胎。楚地和中原地区的胎骨制作工艺有所不同。中原地区通常用整段的木料斫制外形，内里则采用挖制的手法，这样的方式使得制作器物的胎体较厚，而楚地除以上方法外，还出现了卷制工艺——用薄木板卷制成胎壁，后用漆使其与底板黏合，制作出的器物胎体较中原的更加轻便。除此之外，楚漆器的制胎工艺还采用透雕、圆雕以及浮雕的工艺手法。发展成熟的制胎工艺使得工匠们能够更加灵活地制作不同造型的器物以满足人们的需求。（图2-16）

②雕刻。雕刻是楚木胎漆乐器制作中最基础的技法，运用凿子、木刻刀等循序渐进地将形体挖掘出来，常用来表现动物纹样、自然纹样和几何纹样。楚木胎漆乐器与青铜器在器型

图 2-16　制胎阶段

图 2-17　雕刻阶段

图 2-18　髹漆

与纹饰上有很大的关联性，很多青铜器上的纹样或装饰手法在漆木乐器中得以延续。如漆木十弦琴，琴板呈曲线状，琴面隆起，阴刻的弦纹与琴体的造型相互呼应，琴头微微上扬，腰部下凹，琴尾微微上翘，形状与青铜纹饰中的夔龙纹相似，借用了青铜器上装饰浮雕的工艺技法。（图2-17）

③髹漆。髹漆是制作过程中的一个重要环节。春秋战国时期的髹饰工艺主要包括嵌填、雕花、贴金银、描金银、堆漆等。贴金银与描金银是楚漆乐器中比较常见的技法。贴金银是用漆作黏合剂，将金银箔贴在已经髹饰好的漆面上，描金银则是在漆乐器上描绘金色或者银色花纹的做法（图2-18）。信阳长台关楚墓出土的漆瑟残片上即采用了描金银工艺。

因材造物的思想观念贯穿于楚木胎漆乐器从设计到成器的全过程，体现了深刻的系统观念。它将天时、地利、材料、工艺等多个因素视为一个有机整体进行综合考虑与规划。在这种系统观念下，造物不再是孤立的人的行为，而是自然界与人类智慧相互作用的结果。工匠根据自然规律与客观条件进行设计与制作，在技术层面精益求精，在审美方面推陈出新，制作出如此精致繁复的艺术作品。这不仅体现了古代中国人的哲学思想与宇宙观念，也为后世的工业设计与发展提供了重要的启示与借鉴。

2. 思想根源

（1）巫术传统

楚国君王熊绎以桃弧棘矢共御王事，"桃弧""棘矢"分别为桃木做的弓、棘枝做的箭，古人认为它们可以用来辟邪。《汉书·地理志》中也说，楚人"信巫鬼，重淫祀"[1]。淫祀是相较于正祀而言的，载于祀典而有教化意义的祭祀称为正祀，反之则为淫祀。占卜和祭祀是楚巫觋基本的巫术活动，先秦时期占卜和祭祀一般是作为正祀而存在。人们由于对未知的恐惧，相信这些巫术活动能够帮助他们与神灵沟通，希望得到神灵的祝福与庇佑。楚地巫风盛行，加上道家文化和屈骚文学的影响，使楚人的造型艺术也有了浪漫主义色彩。

墓葬类漆器有镇墓兽、羽人、卧鹿、虎座飞鸟、辟邪和漆棺等，其中的虎座飞鸟目前仅在湖北境内发现。和乐器类的虎座鸟架悬鼓相似的是，它将凤鸟、卧虎以及鹿三个本不互相关联的形象生动地结合在一起：凤鸟展翅欲飞，卧虎生机勃勃，鹿角自由舒展，整体造型奇妙，气势雄伟，飘逸而不失庄严。楚人用这样一种高大奇特的造型寄托着希望灵魂升天的愿望。动物纹漆器中出现的龙、凤、鹿、鹤等形象本身就带有象征意义，这些动物形象通常被看作是引灵升天、沟通神灵的媒介。人物纹样主要分为两类。一类是真实的人物形象，如出现在信阳楚墓漆瑟中的人物形象（图 2-19）。画面上的人物有的在打猎，有的在宴乐，有的手执法杖，还有的正在祭祀，动态十分夸张。关于这些人物的身份，学术界一般认为是古代社会中进行宗教活动的巫或古人观念中神的形象[2]。另一类则是出现在漆棺上的神人图像。尽管这些纹样形态各异，但都给人一种神秘莫测的感觉。在奇异诡谲的巫文化的浸润下，工艺品的造型和纹样都能给人带来强烈的视觉感受。

（2）文化体系

我们能从遗留下来的文献记载中窥见一个时代的社会生活情况。器物本身的价值主要在于

图 2-19 信阳楚墓漆瑟残片人物形象

---

1 班固：《汉书·地理志》，中华书局，1962，第 1666 页。
2 徐良高：《中国三代时期的文化大传统与小传统——以神人像类文物所反映的长江流域早期宗教信仰传统为例》，《考古》2014 年第 9 期，第 50—62 页。

功能，但是由于工匠在制作的过程中融合了个人或者社会的审美意识，将器物从物质界面丰富到精神层面，所以在一定程度上也能够反映出当时的社会整体风貌。

周代是一个文化观念大发展的时代，周公制礼作乐，将礼和乐放到平起平坐的地位，叩响了周代文化建设的大门。以诗歌为例，周代初始中原文化产出的《诗经》与战国时楚文化产出的《楚辞》，不同的地域文化带来的差异性展现得淋漓尽致。从《诗经》中的"秩秩斯干，幽幽南山"[1]到"蒹葭苍苍，白露为霜。所谓伊人，在水一方"[2]，不难发现人们的审美范畴逐渐扩大，将对象聚焦到自然以及人自身，情感的不断丰富使周人的精神世界焕然一新。《楚辞》开启了浪漫主义文学，而《离骚》中对奇花异草、飞鸟走兽，对天上、人间、地下的尽情描绘，构成了屈原笔下想象奇特、辞藻瑰丽、比喻深刻的艺术世界。这些酣畅淋漓的情感影响着楚漆乐器的视觉塑造，那些诡状殊形的造型，那些繁复跳跃的纹样，那些鲜艳生动的色彩，每一处都在彰显着楚人独特的造物精神。

老子开创的道家文化与楚有着千丝万缕的联系。《史记·老子韩非列传》中记载老子为"楚苦县厉乡曲仁里人"[3]。老子本是陈国生人，在灭陈之后于楚地生活，卒于战国初。道家文化从哲学上教导人们如何摆脱社会性生存状态的束缚，实现心灵的解放。它既不是纯粹叙述性的哲学，也不是宗庙朝堂或是民间生活中的宗教崇拜，它将自然山水引进人类心灵，使古典艺术上升到更超迈宏阔的精神境界。"天下多忌讳，而民弥贫；民多利器，国家滋昏；人多伎巧，奇物滋起；法令滋彰，盗贼多有。"[4]道家提倡不去计较是非得失，将自身超脱于其中，达到高度自由的境界。"利器""伎巧"是时代发展取得的成果，但使人受到束缚，失去自由。要使"器"达到"自然""雕刻众形而不为巧"的境界，就要让"技"与"道"达到统一。庄子认为，通过深入理解和应用自然规律（道），人们可以在实践中达到更高的技艺水平（技）。这种世界观不仅体现在对自然规律的认知上，也体现在对人类行为和艺术的指导上。正因对器物有着深刻的了解，能工巧匠才能够将其美具象化，这也是庄子对他们给予高度肯定的原因。

---

1 周振甫译注：《诗经译注》，中华书局，2010，第264页。
2 同上，第166页。
3 司马迁：《史记·老子韩非列传》，中华书局，1982，第2139页。
4 王弼：《老子道德经注校释》，中华书局，2008，第149页。

三、楚木胎漆乐器的艺术风格

总体而言，楚木胎漆乐器体现了本体之美与内涵之美的有机统一，在艺术形象的表现、形制构造，以及材料、技术与审美的融合方面，呈现出鲜明的艺术特色。

1. 幻想与现实交织，抽象与具象并用

楚人的艺术表达常常充满了变幻莫测的意味，这不仅是他们独特文化的体现，也在某种程度上映射出客观世界的丰富性。他们尤其擅长以物寄情，以细致入微的观察赋予事物鲜活的灵魂和灵动的气息，强调人、神、物三者之间的微妙互动。在他们的艺术表现中，幻想与现实交织，写实与夸张并存，抽象与具象相互融合，共同构建出一个既瑰丽又深邃的世界。

"曲生吉，直生煞"是古人的朴素观念。楚国先民们善于在楚木胎漆乐器中运用曲线造型，凸显其轻盈、流畅、优美的造型特点，通常采用变形和分解的方式、抽象夸张的手法来表达器物特征，使图案和造型变化无穷，含蓄地传达自然之美和生命之美。在楚木胎漆乐器中有很多变形组合的动物造型，如虎座凤鸟、鹿座凤鸟；有的凤鸟背上还长出向外延伸的鹿角，像是翅膀或羽翼，如此幻想奇特的造型体现出楚人浪漫自由的表现力和丰富的内心世界。他们率真地表现自己对于天地万物的理解与感受，赋予器物以神秘色彩和神话意义，也体现了这一观点："分解的极点，或仅具一目一喙，或止得一羽一爪；变形的极点，或类如行云流星，或类如花叶草茎，或类如水波火光；抽象的极点，是化为纯粹的曲线，这样，于形固有失，于神则有得，而且给观众留有广阔的想象余地。化简为繁，化整为零，似乎是拙的；执简驭繁，以零概整，其实是巧的。"[1]

祭祀类乐器多以具有浓重神话色彩的纹样为装饰，与器物的使用功能相联系，比如羽人纹、龙凤纹、鹿纹、云纹、回纹等。楚人还会结合器物的形态对其纹样进行适当的抽象，意在将其作为人与天地沟通的媒介，表达他们的幻想。但有的纹样不一定有象征意义，只是单纯用来美化装饰器物。譬如日常所用漆木乐器上，考虑到各种现实条件，楚人也会减少装饰，有的运用单独纹样来装饰乐器表面，有的仅仅用大漆素髹来保护器物。楚人

---

[1] 张正明：《巫、道、骚与艺术》，《文艺研究》1992年第2期，第115页。

还会根据乐器边缘造型的波动将纹饰进行局部的变形，或以多种纹样作均衡、对称的形式组合，如二方连续或四方连续的排列装饰方法，使图案纹饰交错、重复、堆叠，给人不一样的视觉体验。

楚木胎漆乐器的装饰表现了抽象与具象之间的"似与不似"，构建了图腾崇拜物在形式上夸张组合的生动形象，使其超越了具体模仿的"栩栩如生"。这种运用点、线、面、体、色、声组成的复合体，是在时间与空间中感性而直观的存在，也是形式传神的基本条件。这种抽象的审美形式构造了形式美。其中，抽象性和写实性是相互渗透的条件。楚木漆器造型的形式规律便是用"形"传达出"神"，将抽象与具体串联起来。

2. 平面装饰与立体造型的有机结合

楚木胎漆乐器主要以表面彩绘的方式装饰，大部分运用红、黑二色，使器物显得幽静深远又富有变化。楚巫文化有以色娱神的传统，楚人不改喜好附丽的本性，希望通过独特的想象力创造出一个五彩斑斓的神话世界，以博得巫鬼神灵的愉悦与青睐，所以在红、黑二色的基础上运用五彩，使楚木胎漆乐器的装饰华贵亮丽，形成惊采绝艳的视觉效果。

楚人在彩绘与立体造型的结合上进行了诸多探索。一个著名的例子是江陵楚墓出土的木鹿鼓（图2-20）。该鼓以木胎制作，在整木上进行圆雕。鼓头与鼓体在分别进行精细雕刻后，被方形榫卯结构组装成鹿体。木鹿全身髹黑漆，施以黄、红、金三

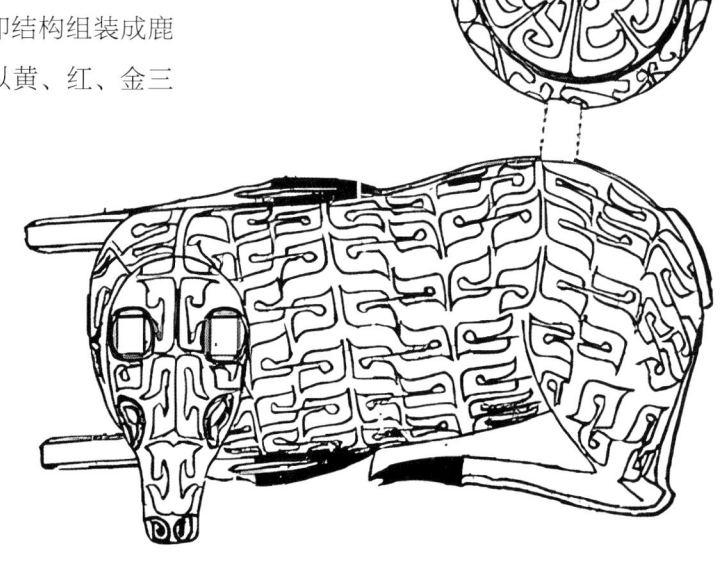

图 2-20 木鹿鼓示意图

色彩绘纹样，纹路遍布整个身躯。鹿背尾部插一木质小鼓，饰有华丽的斑纹和涡纹。可见鹿在楚人心中也是沟通天地的使者，它被称作风神，具有非凡的神力，能帮助神灵云游四方，同时还能带来祥瑞。

纵观楚木胎漆乐器，它们大多以平面装饰与立体造型相结合，是具备极高审美价值的艺术作品。新颖的造型和绚丽的造型纹样，在楚漆乐器上达到了高度统一。其中产生的内在节奏感与外在形式美感相互渗透，使装饰与造型相互映衬，相得益彰。

3. 材料、技术与审美的完美融合

楚国所在的南方地区物产丰富，良好的自然条件对楚人的审美及造物观产生了深刻影响。他们认为人与自然是相互融通的，天地间优质丰富的资源使得人们能加以利用和改造，从而回馈于天地。这种造物观与楚人的生产经验和世代承袭的技术相融合，同时也充分体现了楚民顺应物性、尊崇自然的宇宙观。在此基础上，楚人开启了早期"造物致用"的设计思想，并能动地发展了其造物理念。诸子百家多围绕道、器、礼、利等之间的关系进行论议，对人与自然、技艺、社会伦理道德带来的利益关系进行思考。他们认为无论是什么样的创造活动，都需要关注人、物、环境之间的关系，其中还强调了造物活动的发展走向，便是艺术思想与材料技术结合的重要性，这样的思考无疑推动了楚民审美与技艺走向繁荣。

以漆护器、以漆髹器、榫卯拼接的楚漆工艺技法融入了楚人的思想及智慧，使"物用"价值功能最大化。如虎座鸟架鼓，它十分巧妙地运用了榫卯结合的工艺。其底座平放，即两虎头向外、尾向内平卧底座上，四爪正好卡放于鸟架鼓盘蛇座的四个浅槽中，两鸟立于虎背。鸟腿下部的榫头插入老虎背上的榫眼中，上部的榫头插入鸟腹部两侧的榫眼中，鸟头通过鸟颈的榫和鸟冠的背面与鸟身相连。整体黑漆髹底，施赭红漆与黄、朱、银白等色漆彩绘图案。图案纹饰变化多端，形态各异的动物、人物生动形象地表现了日常的生活场景，反映了楚人的现实行为活动以及其主观思想，具有非同寻常的意义。鸟架鼓造型逼真、典雅别致，细节处理都恰到好处，融声、色、形于一体，通过凤鸟振翅欲飞的神态刻画，仿佛将观者带到了浩瀚的宇宙空间之中，反映了战国时期楚人的审美和技术水平。由此可见，楚木胎漆乐器不仅具有演奏的实用功能，而且具有极高的艺术价值，是楚国漆器、雕塑与绘画艺术巅峰时期的杰作。（图 2-21）

楚乐器装饰造型不断变化的审美样式，与自然环境、生存方式、风俗习惯密切相关。如早期的楚乐器装饰中出现植物纹样，离不开当时推广铁质农具的风潮，以及人们在农耕时对

图 2-21　虎座鸟架鼓

更多植物种类的发现。再如《汉书·地理志》载："江南地广，或火耕水耨，民食鱼稻，以渔猎山伐为业。"[1] 楚人以捕鱼打猎为主业，先民们将生产生活所见所闻以图形样式加以记录，鱼纹、鸟兽纹等动物纹随之产生。随着社会生产力的持续进步和生存空间的不断拓宽，楚人得以广泛接触并吸纳新鲜事物。他们巧妙地将自然界中的事物、景象提炼并融入器物的制作与装饰之中，为他们的艺术创作提供了源源不断的灵感和素材。这些作品体现了楚人朴实而丰富的情感。通过这种独特的表达方式，审美意象在器物中得以完美呈现。在审美意象的指引下，技术工艺与精神情感的表达融合共生，共同创造出了一种和谐有序的艺术氛围。

在楚木胎漆乐器中，材质、技术和审美如同生命的内里和外形，它们完美地融合在一个有机体当中。换而言之，根据楚木胎漆乐器的审美需求选择与其相对应的材质，并对材质进行思考与加工，在制作中巧妙运用技术，融入楚人丰富的审美观念与思想，才能将"造物致用"发挥到极致，满足物质功能和精神感官的双重要求。

---

1 班固：《汉书·地理志》，中华书局，1962，第 1666 页。

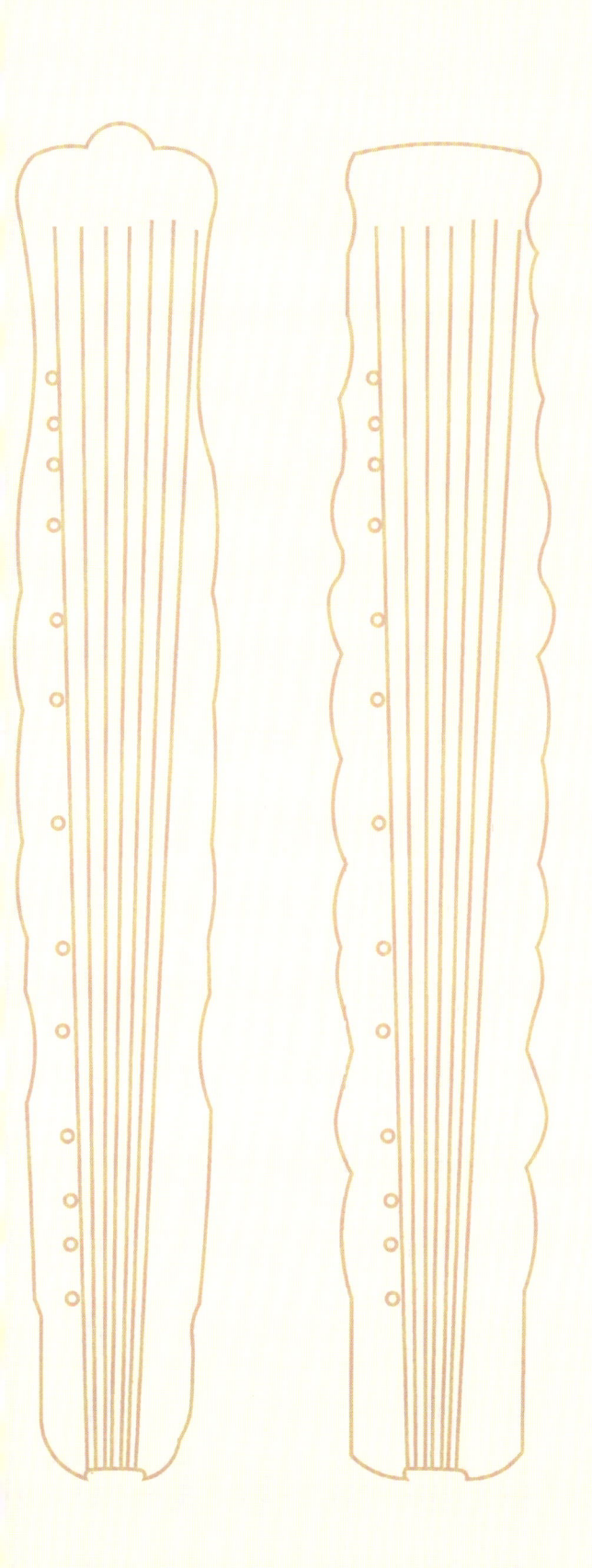

第三章 楚木胎漆乐器制备工艺流程

楚木胎漆乐器的相关工艺研究是一个多层次、多技艺领域的综合性体系，它涵盖了从木胎古乐器的修复、精准复制，到仿古系列工艺品的精心制作等多个重要方面。该研究不仅涉及制胎、髹漆、雕刻、彩绘等复杂技艺，还涉及古乐器发声机理的奥秘，成为荆楚古文化研究与传承不可或缺的重要组成部分。

先秦时代楚国境内的漆器出土数量极为丰富，其中包含了众多精美的乐器。这些乐器种类繁多，如鼓、琴、瑟、笙等。这些木胎漆乐器，无一不彰显了楚漆木技艺与音乐艺术的完美融合，展现了古代工匠们的卓越才华和非凡技艺。

楚木胎漆乐器的传统制备工艺，不仅历史悠久、文化底蕴深厚，而且技艺独特、精彩绝伦。它集中体现了选材、结构设计、雕刻技法、髹漆工艺、彩绘艺术以及材料制备等方面的专业性和高超技艺，是工艺技术与音乐艺术的完美融合。

楚木胎漆乐器的相关工艺是荆楚古文化的重要组成部分，它承载着丰富的历史信息和文化内涵，对于我们了解和研究古代文化具有重要意义。

一、楚木胎漆乐器复制工艺总况

1. 常用材料与工具

　　劳动者依赖劳动工具深入认知与改造客观世界。考古学在梳理社会历史发展的脉络时，常依据当时所使用的材料来界定历史阶段，如石器时代、青铜器时代和铁器时代等。这些材料和工具的学习与应用，不仅从根本上改变了人类与自然界的互动方式，使自然资源得以深度开发与高效利用，更为人类带来了新颖的工艺与制作技术。劳动工具作为人类肢体的延伸，其质量与先进性直接关系到人类实践活动的成效。劳动工具和劳动技艺的更新、改良与发明，不仅是人类智慧与审美的集中体现，更是人类主观能动性积极发挥的生动体现。

　　楚国得天独厚的地理条件、优质的生态环境以及重要的政治地位，为楚地生产工艺提供了充裕的物质资源。楚国充分发挥材料与技能的优势，取得了显著的成就。据史料记载，楚人在春秋晚期之前便已掌握并运用铁制工具，其技术之先进、形制之多样，充分满足了各种复杂需求。楚木胎漆乐器便是楚人智慧与创造力的结晶，他们巧妙地将大漆、木材与铁制工具等材料有机融合，创造出了既符合实用目的又兼具审美功能的楚木胎漆乐器，展现了楚国在工艺领域的卓越成就。（图 3-1）

图 3-1　楚木胎漆乐器制备工艺所需工具与材料

材料、工具及制备技艺的不断演进，顺应了社会发展中日益增长的物质需求，体现了别具一格的楚文化艺术成就。当前，人们对楚木胎漆乐器工艺的深入探究、模仿与创新，正是对这一深厚底蕴的继承与发展，旨在弘扬楚木胎漆乐器的传统技艺与工艺之美，确保其文化价值得以保留与传承，不让珍贵的文化遗产流失于历史长河之中。（如表3-1所示）

表3-1 楚木胎漆乐器制备工艺所需工具材料概览

	分类	主要构成	要求／用法	功能／目的
材料	板材	杉木、梧桐、梓木、楸木、核桃木、榆木、椿木、柏木、白松、雪松等	轻、松、脆、滑	坚韧、耐磨 抗腐蚀、不伸缩
	生漆	从漆树上采割	耐腐、材质稳定、水浸不坏、耐虫蛀	可起到器物表面保护、装饰的功能
	颜料	植物，矿物颜料	上色	装饰
	金髹材料	金、银、铜、铝箔	撒金箔、贴金箔、金属粉	装饰
	镶嵌材料	螺钿、蛋壳、金、银、宝石等	镶嵌	装饰
	胎地填料	鹿角灰、骨灰、蛤灰、石灰、砖瓦灰、黄土灰、石膏灰	与生漆相调和	做漆器的底粉
	研磨材料	砂纸、纱布、砂带、砂蜡、光蜡、鹿角粉、脱脂棉	研磨、抛光	使器物表面光滑
工具	雕刻工具	木捽刀、雕刻刀、镊子、木凿	挫和雕制	楚漆乐器制作最主要的工具，负责铲腹腔等重要的部位
	刮涂工具	刮刀、发刷	因工艺工序的不同，天气冷热的不同而使用不同的漆刷，新制成的漆刷用于打底，不掉毛屑之后方可上涂	调漆、取漆、上漆、刮底灰
	打磨工具	木炭、磨刀石	使用砂纸进行干磨和水磨，磨平灰地、漆地，或通过打磨显出肌理的花纹	使器物表光滑细腻或表现器物纹理

2. 制胎与雕刻

胎体是漆乐器的"骨骼"。楚漆乐器的胎体以木胎为主，随着工具的精进，楚漆乐器制作木胎的工艺也逐渐精细化，出现了各式各样制作木胎的技法。楚木胎漆乐器胎体的制作方法主要可分为斫木成型、挖制、卷制、旋制、雕刻、榫卯拼接六大类。

（1）斫木成型

胎体的斫制主要针对尺寸稍大的乐器。在斫木之前，木料需要陈放一两年，使其性能更加稳定，这一步通常称为"醒木"。准备好木料后，先拟定外形轮廓，用笔在木料上画好形状和基准线，再运用劈刀或斧头，通过砍、劈、削的方式将一块整木斫削出有弧度的粗略造型。

斫木成型的胎体一般较厚，边缘木料容易毛糙出刺，外观简单粗糙，因此需要进一步的修整。（图 3-2 ~ 图 3-13）

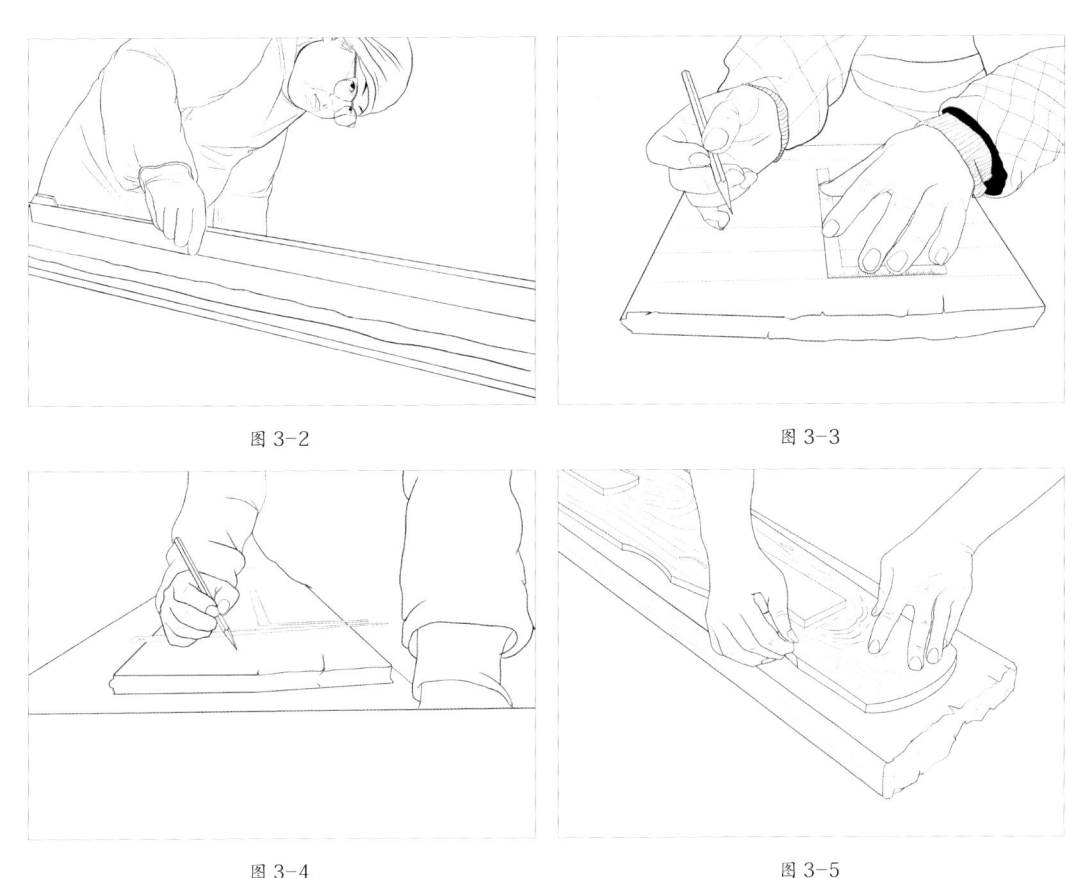

图 3-2

图 3-3

图 3-4

图 3-5

图 3-2 ～图 3-5　拟定外形轮廓步骤：丈量，画基准线和形状

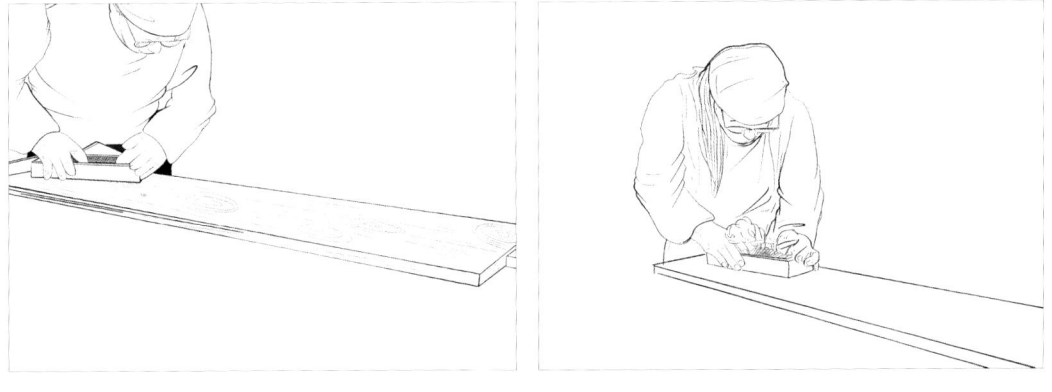

图 3-6

图 3-7

图 3-8

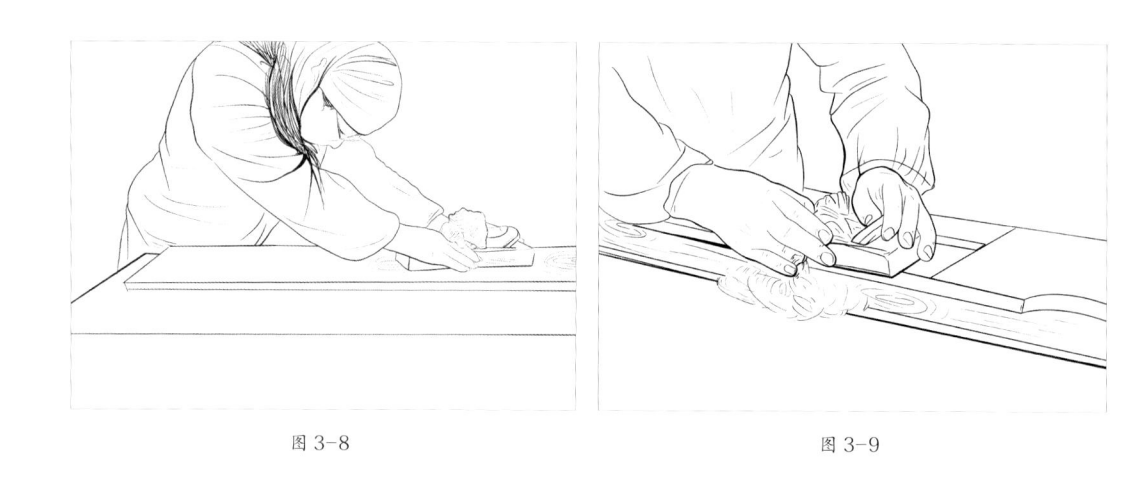

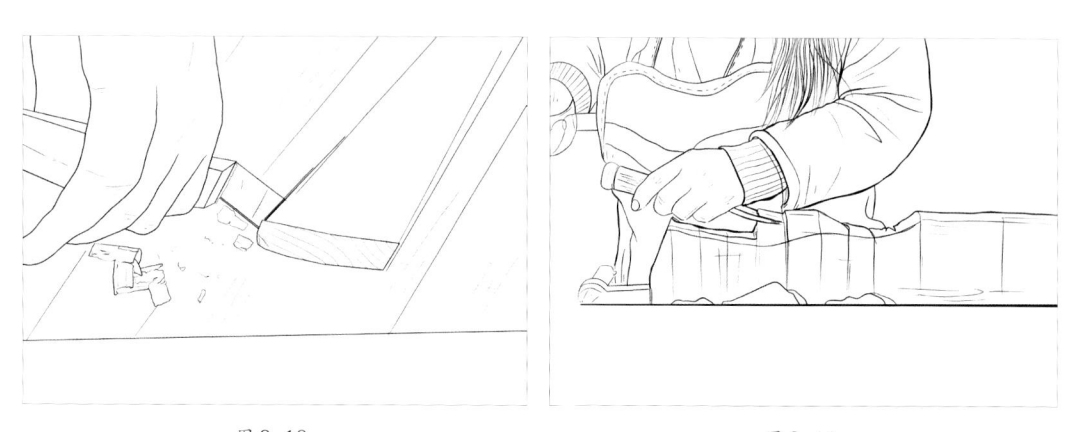

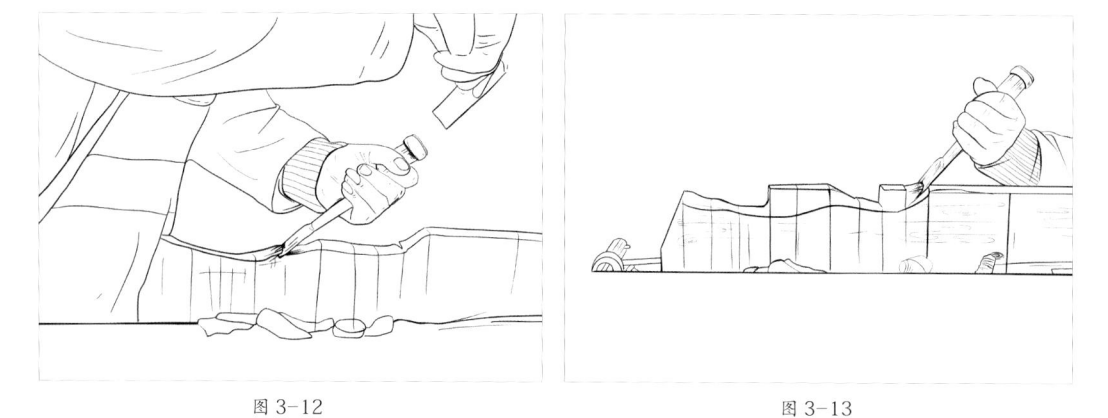

图 3-9

图 3-10

图 3-11

图 3-12

图 3-13

图 3-6～图 3-13　斫木成型步骤：刮、磨、削、劈、凿等

（2）挖制

器形大致完成后，需要进一步修整。从这一步开始，楚人会根据器形来选择制作方法，或者各种技法结合使用。挖制是通过凿子、刨刀、木刻刀等工具循序渐进地对形体进行掏空或塑形。古琴的"掏膛"一般会使用如下技法：运用刨斧、钻子将琴腹按需掏空，再用小刨刀或者木刻刀整理胎体边缘毛刺。现存古乐器的腹腔大多是挖制所得。（图3-14～图3-19）

图 3-14　　　　　　　　　　图 3-15　　　　　　　　　　图 3-16

图 3-14～图 3-16　掏膛步骤

图 3-17　　　　　　　　　　图 3-18　　　　　　　　　　图 3-19

图 3-17～图 3-19　整理胎体边缘毛刺步骤

（3）卷制

卷制工艺对木料的选择极为挑剔，更适合那些易于弯曲变形且质地柔软的木材。在制作乐器胎体的过程中，工匠们首先会将选定的木材精心分割成厚薄均匀的薄木片，然后巧妙地一圈圈卷绕成圆柱状或其他所需的形状。在卷制完成后，工匠们会运用黄明胶或大漆等天然黏合剂，将木片的结合处紧密黏合，确保胎体稳固且形状定型。追溯其历史，春秋早期所使用的木胎较为厚重，而卷制工艺则被认为是战国时期逐渐发展成熟的一种技艺。由于卷制而成的胎体更为轻薄，为了增强乐器的稳固性和耐用性，工匠们通常还会在胎体外层进行裹布处理。这种卷制工艺不仅使得乐器轻巧便携，更因其独特的造型而展现出极高的艺术美感，无疑是古代乐器制胎工艺的一大创新与突破。（图 3-20、图 3-21）

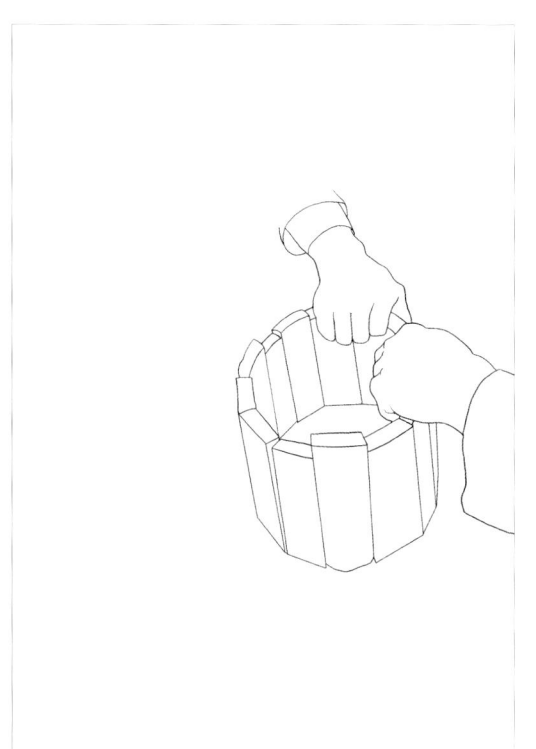

图 3-20　形状卷制　　　　　　　　　　图 3-21　黏合成型

（4）旋制

旋制一般会使用车床，首先要选择适当尺寸的木料，再用车床旋转旋出底部和面部造型，主要针对胎体较厚的圆形部分，如手执鼓的柄、鸟架鼓的头部和身体等部位。旋木塑造的器物在外观上往往会留下圆形的加工痕迹，因此在后续加工中还需深入地调整与处理。（图3-22～图3-24）

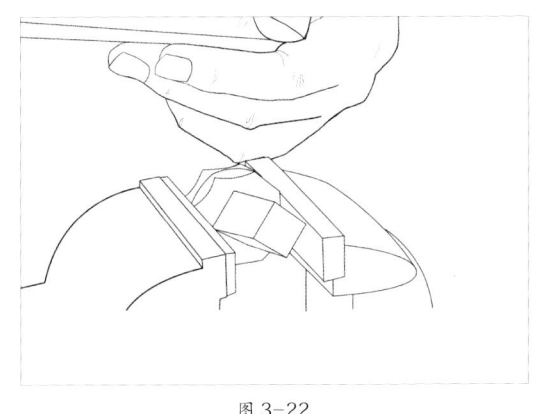

图 3-22

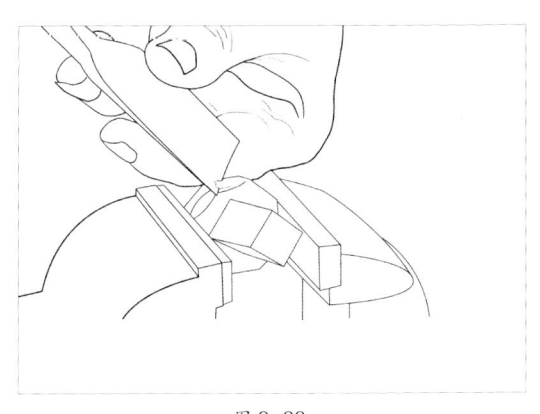

图 3-23

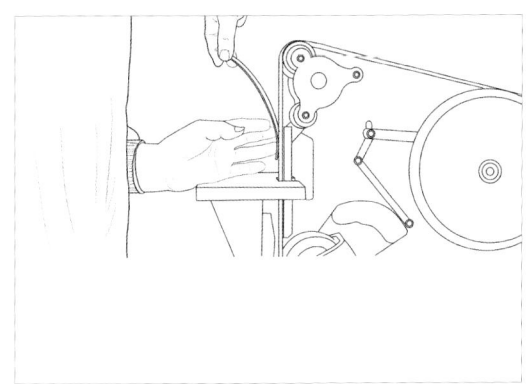

图 3-24

图 3-22～图 3-24　旋制过程

（5）雕刻

雕刻技艺是楚木胎漆乐器制作中广泛应用的一种精加工方法，它在木胎整体构建完成后进行。多件著名的楚漆乐器，如九连墩浮雕十弦琴、虎座鸟架鼓以及木鹿鼓等，均采用了精湛的雕刻技法。在制作虎座鸟架鼓时，匠人们精心地将凤鸟的头颈、身体、翅膀和双足分开雕刻，尤其是羽毛、眼睛、嘴等细节部分，更是运用圆雕结合彩绘，并辅以局部浮雕的技法，使其栩栩如生。雕刻的主要目的是装饰和美化，对技法的要求极高，刀法须细腻且富有金石韵味，运刀必须爽快、利落，一气呵成。这种精湛的技艺能够确保线条的宽窄、曲折皆富有节奏感与流畅性，从而呈现细腻完美的画面，充分展示制作者高超的技艺和独特的艺术思想。

楚木胎漆乐器的雕刻手法丰富多样，包括平雕、浮雕、镂空雕等。平雕指所有花纹与雕刻品表面保持相同的深度。平雕分为阴刻、阳刻，其中，挖去图案部分，使所表现的图案低于衬底表面为阴刻；挖去衬底部分，使图案部分高于衬底表面为阳刻。浮雕指在器物表面上雕刻形象，使其从材料中浮现而出。镂空雕指的是通过钻孔、丝锯锼镂、碾磨等方式雕刻形象的技法。

从出土的漆器作品中可以观察到，春秋早期漆器主要以浮雕为主。然而，随着春秋晚期至战国时期社会生产力的快速发展和工艺技术的不断进步，镂空雕的作品开始大量涌现。这一现象从侧面反映了社会生产对漆乐器制作技艺发展的深远影响。（图3-25～图3-29）

图 3-25　古琴面板线稿　　图 3-26　雕刻琴身

图 3-27　琴身浮雕

图 3-28　髹漆与彩绘　　图 3-29　彩绘浮雕细节

（6）榫卯拼接

在对乐器进行分段雕刻之后，须用楚式榫卯工艺进行拼接。楚木胎漆乐器采用的拼接方法为阴阳凹凸接合法，施以格角榫、棕角榫、抱肩榫、燕尾形销榫等，将乐器整体拼合。（图3-30～图3-33）曾侯乙墓出土12具漆瑟，这些瑟均是通过精湛的榫卯工艺和华丽的施彩技术制成的贵重成品。（图3-34）

图 3-30

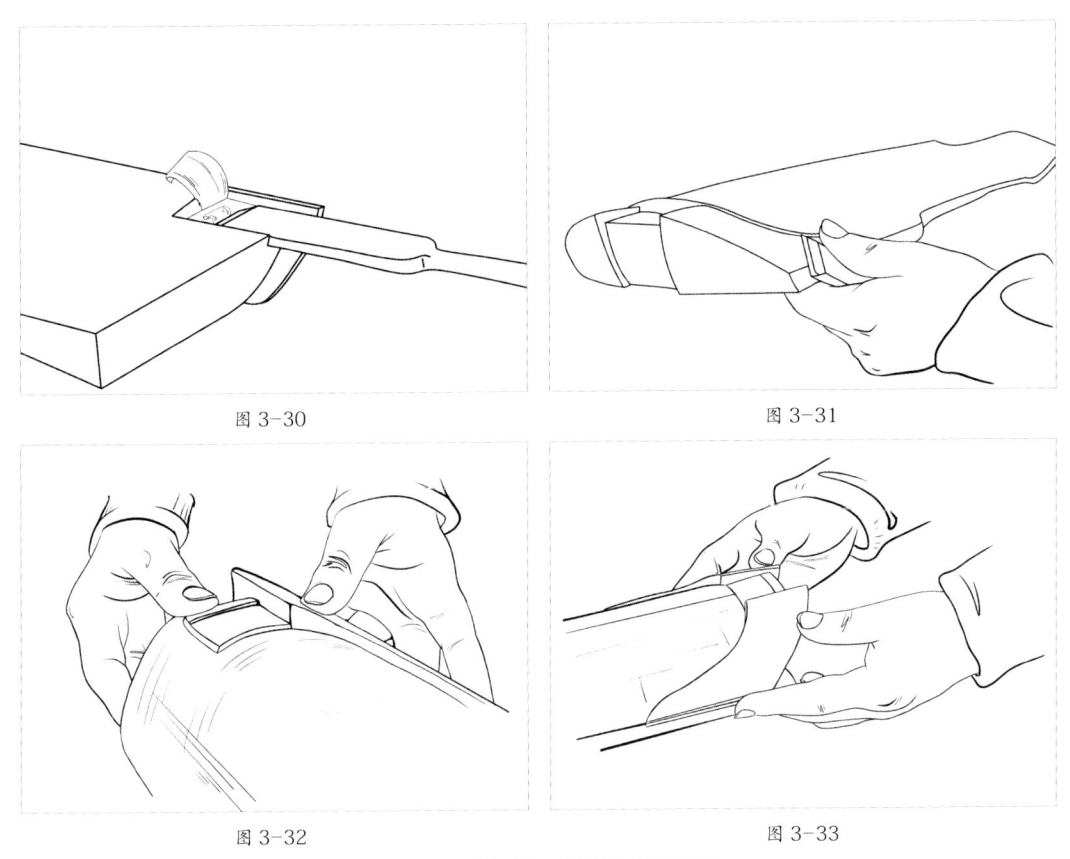

图 3-31

图 3-32

图 3-33

图 3-30～图 3-33　乐器榫卯拼接过程

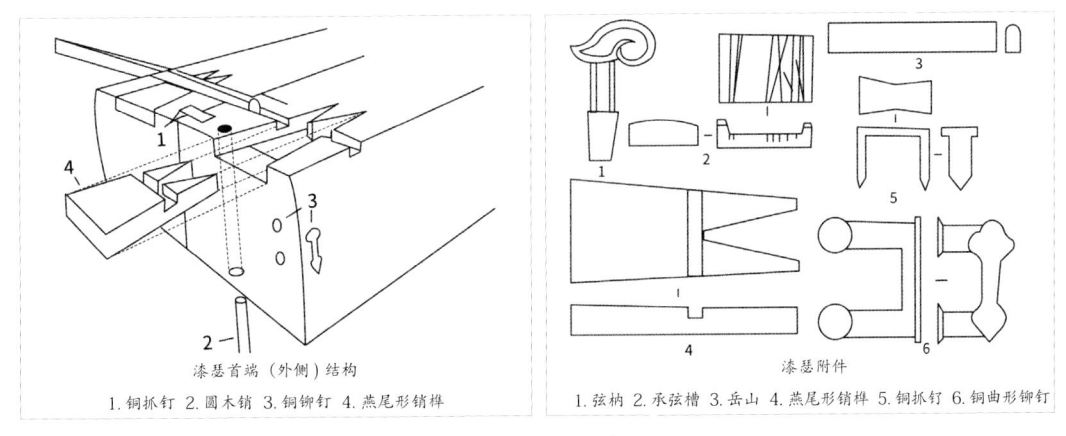

漆瑟首端（外侧）结构
1.铜抓钉　2.圆木销　3.铜铆钉　4.燕尾形销榫

漆瑟附件
1.弦枘　2.承弦槽　3.岳山　4.燕尾形销榫　5.铜抓钉　6.铜曲形铆钉

图 3-34　漆瑟各个组成部分

　　胎体制作完成后，需要进行细致的打磨和修整工作，以确保胎体表面光滑平整，无瑕疵。

3. 髹漆和彩绘

楚木胎漆乐器的髹漆技艺是楚式漆器髹饰技艺的重要组成部分，其精湛的工艺和独特的艺术风格深受人们喜爱。以下是关于楚木胎漆乐器髹漆技艺的详细阐述。

楚式漆器髹饰技艺是一种在漆器上采用髹漆工艺的制作方法，因其以髹漆和彩绘为主，故又称为漆绘艺术。这一技艺在湖北荆州地区有着悠久的历史，是国家级非物质文化遗产之一。楚木胎漆乐器的髹漆技艺正是这一传统技艺在乐器制作领域的具体体现。

髹饰技艺是楚木胎漆乐器制作中不可或缺的一环，它体现了楚木胎漆乐器的艺术性。这是楚木胎漆乐器制作中的关键步骤之一。首先，在胎体上涂刷多层底漆，以增强乐器的耐久性和光泽度。然后，根据设计要求在乐器表面进行彩绘等髹饰工艺。彩绘图案多为龙凤、云雷、几何图形等具有楚文化特色的纹饰。在器物上髹漆可以保护木胎，防止其磕损，同时赋予了楚木胎漆乐器防潮、耐腐蚀、耐高温等多重优良性能。除此之外，髹漆还具有出色的表面装饰作用，可使乐器更加美观。值得一提的是，髹漆技艺还对古乐器的传音性和共鸣性有所助益，进一步提升了乐器的音质。

基于现有的实物和文献资料，可以将楚木胎漆乐器的髹漆过程细化为以下五个步骤：首先进行布漆，确保漆层均匀；接着刮灰打磨，使表面更加平滑；随后是髹涂面漆，形成乐器的基础漆面；然后进行彩绘，为乐器增添艺术魅力；最后进行推光处理，使漆面更加光亮、细腻。这五个步骤共同构成了楚木胎漆乐器髹漆的完整工艺流程。

（1）布漆

布漆又称为裹布或"背夏布"，是楚木胎漆乐器制作的重要手段之一。以古琴为例，有文字记载的布漆工艺，最早见于南北朝嵇康《琴赋》："乃使离子督墨，匠石奋斤。夔襄荐法，般倕骋神。镂会裹厕，朗密调均。华绘雕琢，布藻垂文。错以犀象，籍以翠绿。弦以园客之丝，徽以钟山之玉。"[1] 其中"裹厕"就是缠绕的意思。从目前出土的实物来看，唐琴和早期的北宋制琴是有裹布工艺的，宋室南渡之后，有部分琴就不再裹布了。从传统工艺来讲，裹布对于古琴的紧固结实、音质的保真起到了很好的提升作用。

布漆的具体工艺如下。当乐器的木质胎体加工完成后，首先在其表面刷上一层底漆，随后将其置于阴凉处风干约一周。风干后，使用磨石轻轻打磨胎体表面，去除杂尘，磨平不平

---

1 转引自张盈盈著，刘飞跃主编：《皖籍思想家文库·嵇康卷》，安徽人民出版社，2021，第162页。

整部分。接着，用刷子均匀涂抹调制好的漆糊（漆糊通常由大漆混合糯米粉或糨糊按 1：1 的比例制成），确保漆糊层厚薄均匀，覆盖全面。随后，将清洗过的麻布铺在胎体上，用力向四周拉展，确保麻布的经纬线与底胎平行。在涂饰过程中，使用刷子或刮漆器将麻布刮平，使其牢固地黏附在胎体上。布头相接处应紧密相接，避免重叠，确保整体平整。在选择麻布时，纤维的粗细和编织的疏密都是关键考量因素。底胎裱糊的首选布料是纯手工纺织的苎麻平纹布，这种布料经过加工捶打后细密柔软，易于与漆胎贴合。完成上述工序后，将胎体继续置于阴凉处（或专门的荫房）进行干燥。根据当日的气温条件，定期检查布面或边缘是否有隆起现象，并及时用工具将未干的生漆表面拉平压实，对未粘实的地方及时补漆。待胎体完全干燥后，修剪掉多余的布料，并进行细致打磨，以确保整体光滑和美观。（图 3-35 ~ 图 3-39）

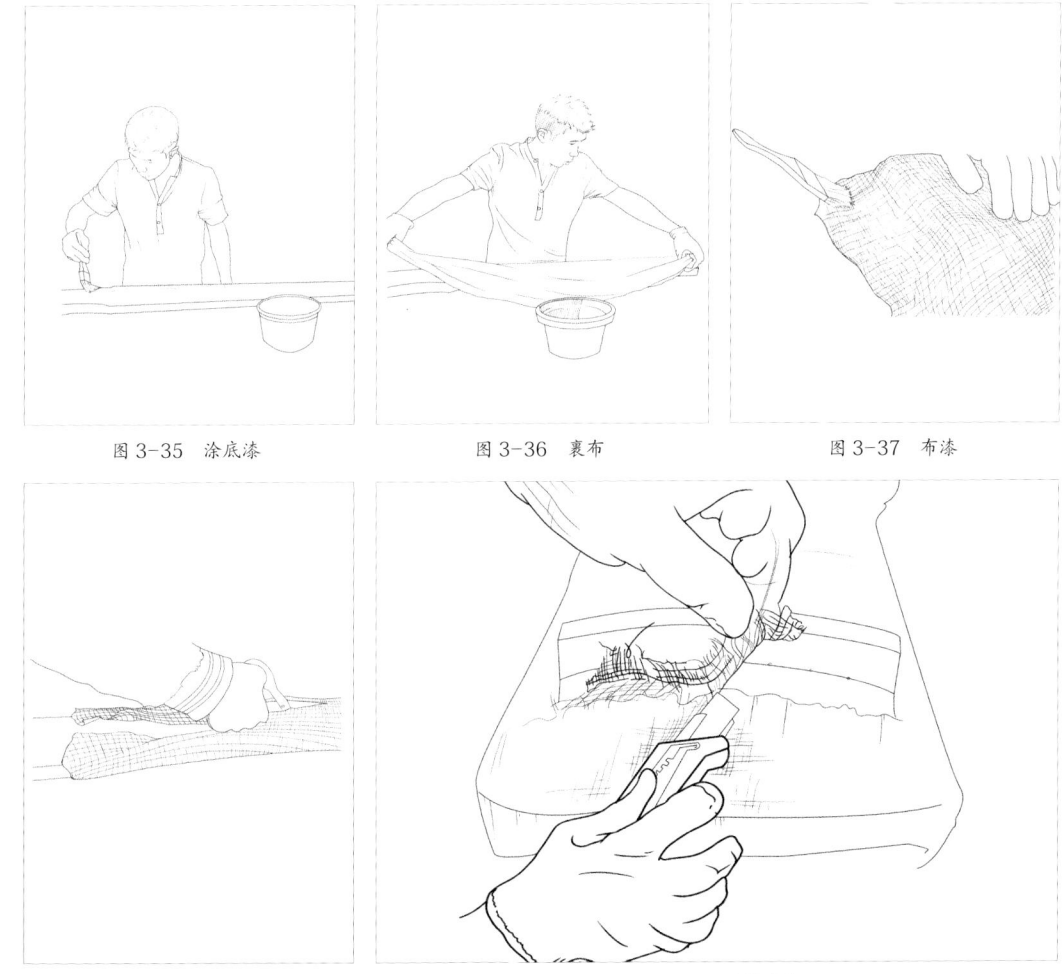

图 3-35　涂底漆

图 3-36　裹布

图 3-37　布漆

图 3-38　裁剪布料

图 3-39　修整边缘

裹布工艺显著增强了漆木乐器胎骨的稳固性，有效预防裂缝结合处因时间流逝而开裂，确保了乐器结构的长期稳定性。此外，裹布还能避免因木纹的自然变化导致漆面不平整的问题，从而维护其外观的平整美观。更重要的是，裹布为乐器提供了额外的保护，避免在后续加工过程中磨石摩擦可能导致的木胎外露，起到了关键的防护作用。从长远来看，裹布还有助于灰胎更牢固地附着于乐器坯体上，减少毁坏脱落的风险，极大地延长了乐器的使用寿命，使其得以长期保存并传承。

（2）刮灰与打磨

经过初步打磨后便需刮灰，即上灰胎。灰胎的平整度直接决定了乐器表面的光滑度。因此，灰胎的厚度和所选用的材质显得尤为关键，它们对乐器的耐磨性和坚固性有着深远影响。刮灰的次数往往根据乐器的具体器型而定，大体而言，器型越大，所需刮灰的次数也越多。（图3-40～图3-44）

在刮灰过程中，通常使用生漆与灰料混合调配。其中，鹿角灰是最常见的灰料，其次是牛骨灰。而有些更高级的乐器，甚至采用珍贵的"八宝灰"来调配漆胎。"八宝灰"以金、银、珍珠、玛瑙、珊瑚、玉石、红绿宝石、孔雀石等数种材料的粉末混合而成。因材料珍稀，"八宝灰"多用于宫廷乐器中。

现今传世的唐宋元明古琴，绝大多数采用了鹿角霜（即鹿角灰）及其他材料作为漆胎。例如，明代的"古虞南风"古琴，其底漆便是以铜末与

图 3-40　制作灰料粉末

图 3-41　调灰

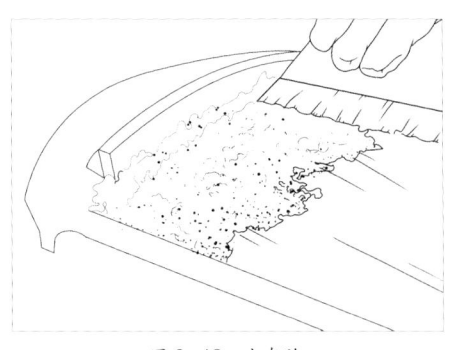

图 3-42　上灰胎

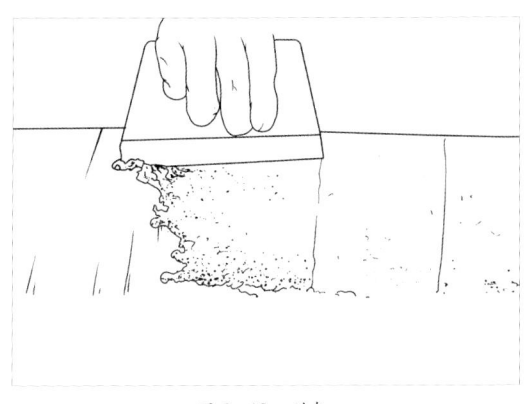

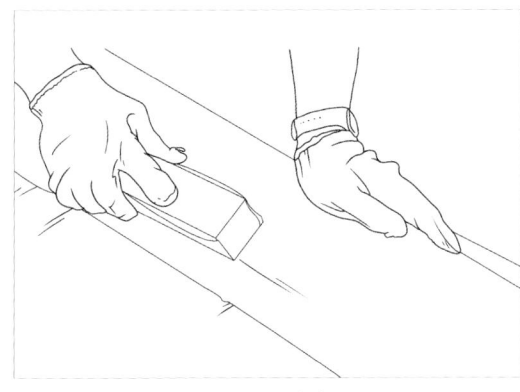

图 3-43　刮灰　　　　　　　　　　　　图 3-44　打磨

鹿角霜混合而成。徐中伟所藏的明代"虎啸"古琴，其漆层则混合了碧玉之屑。然而，离我们较近的清代古琴，其底漆大多以瓦灰为主，由于种种原因，这些古琴的漆灰多已剥落，严重影响了演奏效果。这也是清代古琴在某些方面逊于前代的原因之一。

刮灰的具体刮涂方法：把鹿角霜分别做成 80、120、200 等目数规格；不同粗细规格的鹿角霜可与大漆混合成粗灰、中灰、细灰，按照从粗到细的次序刮涂于器体上；每种目数都需要刮涂多遍，一共需要刮二十多遍。

由于灰胎的干燥过程相对漫长，每完成一次刮灰后，必须等待至少 10 天至 15 天，待其从内至外完全干透，才能进行下一轮的刮灰。在打磨阶段，每一层漆灰都要基本磨平，特别是最后一层漆灰，不仅要磨平，还须特别注重其造型的精致度。打磨完成后，灰胎表面可能会出现气孔和砂眼，这时就需要进行走水处理。走水处理要先使用由大漆调和细灰粉制成的腻子，来填补漆面上的气孔与砂眼。之后，使用牛角刮对漆胎进行整体刮涂，确保所有细小的气孔和砂眼被彻底消除。待腻子完全晾干后，再次磨平漆面，并髹涂数层表漆。重复以上步骤，直至乐器表面变得光滑细腻且无气孔为止。完成刮灰与打磨后，漆胎应在荫房内存放一年以上，以确保其彻底干燥。只有经过这样的处理，底漆灰胎才算完成，随后才能开始髹涂面漆，为乐器披上华丽的外衣。

（3）髹涂面漆

髹漆工艺对环境条件有着严格的要求，最适宜的温度范围为 23℃至 30℃，湿度则在 75% 至 80% 之间。在南方地区，冬季气温较低，不宜进行上漆工作，因此选择气温逐渐回暖的 3 月份进行更为适宜。

楚漆乐器的面漆材料以大漆为主，需要经过特定的加工处理后方可使用。通常需要加入桐油或樟脑油在锅中煎制，少数情况下采用晒制的方法，使其转化为熟漆。加工后的熟漆能更好地渗透到处理过的灰胎中，赋予大漆流平性，从而增强灰胎的坚固性和漆面的平整度。

　　加工步骤对于面漆的质量至关重要。若未加入桐油，大漆将无法有效稀释，导致制作出的乐器表面粘手滞涩，影响音质的流畅性。在面漆前，应先准备好稀释后的大漆，逐层髹涂。一般而言，髹涂两遍即可，但每次髹涂后必须等待其完全干燥，才能进行下一次的髹涂。单次髹涂时的漆层应尽量保持轻薄，故应使用稀释浓度较低的大漆。随后，使用发刷涂上浓度较高的大漆，以确保表面平滑。漆的次数根据具体情况而定。此外，每次上漆后都必须在阴凉处完全干透，才能进行下一次的上漆。如果前面的工序完成度高，漆胎表面光滑细腻，可视情况减少面漆的次数。待上漆完成后，将其静置阴干，即可进入下一个制作步骤。（图 3-45 ~ 图 3-48）

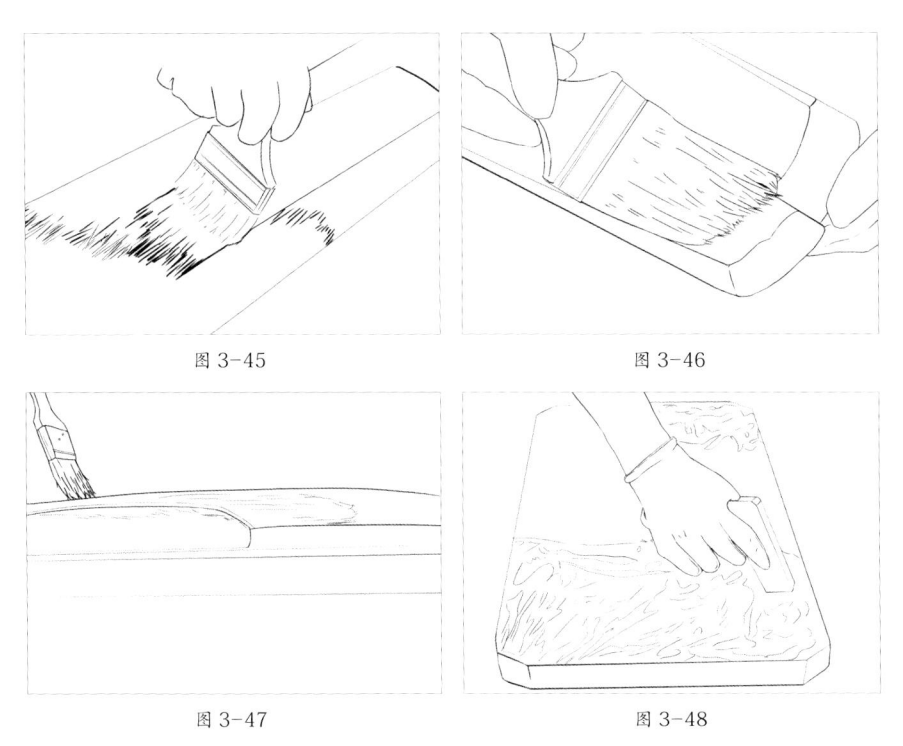

图 3-45

图 3-46

图 3-47

图 3-48

图 3-45～图 3-48　髹涂面漆步骤

楚木胎漆乐器的髹漆技艺主要包括刷漆法和揩漆法两种。其中，刷漆法是最常用的技术，它直接将漆刷涂在胎体上，因操作简单、速度快而著称。这种方法的优点在于能够一次性完成面漆，形成的漆层厚实且光亮，经久耐用，同时有效节省了大漆的用量。揩漆法则是一种更为精细的技艺，它使用蓬松的丝布包裹棉球，蘸取生漆后均匀地揩擦在胎体上。每层漆都需要等待干透并打磨光滑后才能进行下一层的揩擦。虽然这种方法耗时耗力，大漆消耗也较大，但它所打造的漆面光滑透润，层次丰富多变，特别适用于漆乐器，因为在实际演奏中，乐器表面的光滑度会直接影响声音的流畅性。在选择大漆原料时，揩漆法尤为讲究。通常选用漆膜硬度最大的大漆，湖北恩施地区的茅坝漆是首选，贵州所产的大漆也是不错的选择。尽管揩漆法经过多次揩擦，但其表层漆膜仍相对较薄，在一定程度上降低了器物表面的耐磨程度，这也是揩漆法在楚木胎漆乐器制作中的主要局限。

在众多木胎漆乐器的髹饰工艺中，楚人独具匠心，将刷漆法和揩漆法巧妙地结合起来，形成了一种独特的技法。这种技法的主要特点是在大漆中加入挥发性强的油作为稀释剂。古人常用松节油，而现代为了降低成本则多选用煤油。稀释剂的加入虽然能使漆面更加平滑，但在涂刷后往往会留下细微的刷纹。因此，在制作过程中，工匠们首先使用刷漆法，将漆面反复刷涂和打磨，直至漆层达到一定厚度，随后再通过揩漆法完成最后的制作步骤。这一步骤在杨明所著的《髹饰录》中被形象地描述为"数泽而成者"。杨明指出："熟漆不良，糙漆不厚，细灰不用黑料，则紫黑。若古器，以透明紫色为美。揩光欲䲢滑光莹，退光欲敦朴古色。近来揩光有泽漆之法，其光滑殊为可爱矣。"[1] 这种技法保留了刷漆法温润光滑的特点，而且由于大漆中的油料在挥发后残留不多，揩漆完成后，漆乐器表面手感也更为顺滑，呈现出独特的艺术效果。

总体而言，楚木胎漆乐器的制作工艺是随着社会生产力的进步而持续演进的。这些工艺的应用往往以满足特定的需求和目标为导向，它们体现了楚人的造物智慧，而且在今日对传承古代髹涂技术仍然具有重要的指导和借鉴意义。

（4）彩绘

楚木胎漆乐器艺术的另一显著特色在于其彩绘装饰。深受巫术文化和道家文化熏陶的古楚文化，孕育了丰富的浪漫主义色彩和无限的想象力，这对楚木胎漆乐器的彩绘风格产生了深刻的影响。在彩绘纹饰上，楚木胎漆乐器主要采用曲线和流线设计，突出表现流动性与连

---

[1] 黄成：《髹饰录图说》，山东画报出版社，2007，第170页。

贯性，线条轻盈而精致。此外，该类乐器还擅长通过模拟动物形象或融合多种动物特征来创造新颖的纹样。其装饰手法以大漆彩绘为主，同时巧妙结合针刻、镂空、漆雕等技艺，并融入戗金、镶嵌、扣器、金箔贴花等多种精细工艺，展现出独特的艺术魅力。

曾侯乙墓出土的漆器主要以红、黑二色为主色调，再加以五彩点缀，整体呈现出既统一又富有变化的独特风格。特别值得一提的是曾侯乙编钟的悬木（图 3-49），其两侧覆盖着青铜材料，而其余部分则采用了黑色漆面，并在其上以红色漆描绘出抽象的几何纹和凤鸟纹，彰显了沉稳大气的艺术风貌。

图 3-49　曾侯乙编钟的悬木

流传至今的古琴表面往往形成了各式各样的自然纹理，如蛇腹断纹、冰裂纹（图 3-50）、流水断纹等。这些本是工艺上的瑕疵，但在文人雅士的眼中，它们却赋予了古琴极高的审美价值，因而被视为珍品。他们并不以这些断纹为瑕疵，反而认为古琴的断纹是其珍贵的象征。例如，"梅花断"这种断纹形状圆润如梅花，聚集在一起犹如梅花盛开，被古代鉴赏家誉为"非千余载不能有"的珍品。当灰漆较厚且年代久远时，便会产生"蛇腹断"，其断纹横贯琴面，每隔半寸至一寸便有一处，形态相似，因而有"大蛇腹断""小蛇腹断"之分，甚至有人称"千金难买蛇腹断"。"流

图 3-50　古琴表面的冰裂纹

水断"则形状类似蛇腹，但纹理并不平行，更像波纹。当灰漆较薄且坚固时，会形成"牛毛断"，这种断纹纤细、密集且均匀。此外，还有"龟纹断""荷叶断""冰裂断""乱丝断"等多种纹理，都为文人士大夫和鉴赏家所喜爱。宋代的赵希鹄在《洞天清录》中指出："凡漆器无断纹，而琴独有之者，盖他器用布漆，琴则不用；他器安闲，而琴日夜为弦所激，又岁久桐腐，而漆相离破，断纹隐处虽腐，磨砺至再，重加光漆，其纹愈见。"[1]这充分说明了断纹是髹漆艺术在古琴上独有的自然美。为了增强现代古琴的美观性，制作者们大多会人为地模仿制作各种纹理，有的还会增加彩绘、贴金箔、镶嵌特殊材料等方式。更有创新者将木料纹理、髹漆、彩绘与特殊装饰相结合，推动古琴制作工艺不断向前发展。

（5）推光

推光技艺是一种独特的工艺，即使用手掌反复推磨，通过"推"的动作对琴面进行细致的抛光处理。漆器本身所散发的深沉内敛气质，在推光的过程中得到了进一步的彰显。推光的核心目的在于使漆面变得光滑而精致，赋予它温润如玉的触感与观感。

传统的楚式推光工艺巧妙地利用了芦苇秆和芦苇叶，蘸水后轻轻地在漆面上进行推光，或是用手掌蘸取植物油混合的细瓦灰或珍珠粉，反复擦拭和涂抹漆面，使漆器逐渐展现出内敛而深沉的光泽。这一过程中，手掌的擦拭效果大约相当于现代使用的2000目至3000目砂纸的打磨效果。然而，随着技术的进步，现代推光工艺更多地采用砂纸来替代传统工具，通常从1000目开始逐步推光，层层递进，最高可达5000目。此外，还有一种利用胭擦粉加菜油过滤后，结合发绒布进行推光的手法。以这种方式推光后的漆面，光泽感显著提升，呈现出温润细腻的高级感，深度展现漆器的独特美感。

推光不仅是提升漆器外观的重要手段，更是将漆器制作过程中的瑕疵与优点最大化显露的过程，是对前期工艺质量的一次全面检验。（图3-51～图3-53）

---

[1] 赵希鹄等：《洞天清录》，浙江人民美术出版社，2016，第4页。

图 3-51 水磨　　　　　　　　　　　　　　图 3-52 擦漆

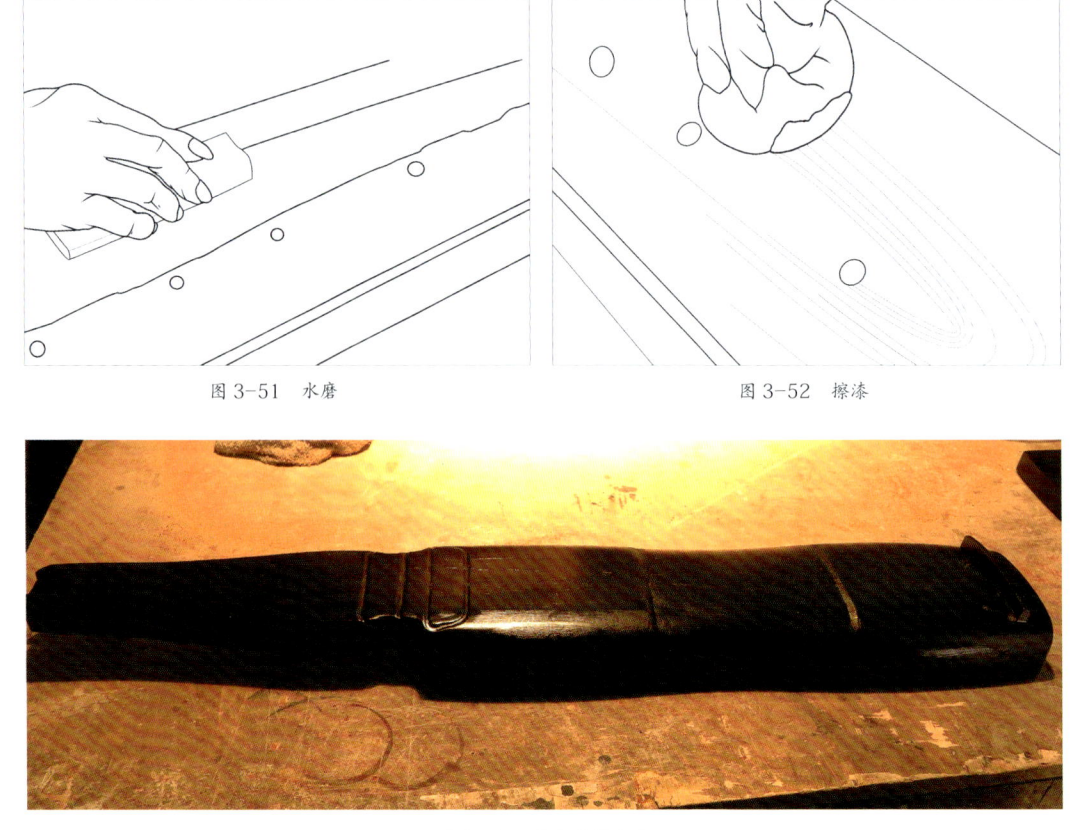

图 3-53 推光后的漆面

4. 装饰技艺

（1）彩绘描金法

《髹饰录》中所载"以笔为文彩，其明媚如画工之装点于物，如春日映彩云也"[1]，描述的便是彩绘技法。彩绘又称彩髹，指的是在已完成的胎体表面运用色漆精心绘制纹饰。彩绘的方法主要有两种。第一种是平涂法，先是以线条勾勒出轮廓，随后在轮廓内平涂色彩块面；或者反过来，先平涂色彩块面，再精细勾勒线条以强调细节。第二种是线画法，运用密集且细腻的线条交织组合，构成富有层次感的画面。彩绘工具以狼毫笔为主，其中较小的型号适合精细地勾勒和描绘，而较大的型号则更适用于大面积

---

1 王世襄：《髹饰录解说》，生活·读书·新知三联书店，2013，第31页。

的涂色。

在楚木胎漆乐器的制作中，彩绘和描金技法常常相得益彰。描金，顾名思义，是在器物表面用金色勾勒出各种图案的装饰技巧，使乐器更显尊贵与华丽。楚人将大漆与金银粉末精心调和，细致描绘在漆乐器上，使其既充满艺术气息，又流露出无尽的华贵与富丽。

信阳楚墓出土的锦瑟漆画在战国艺术史上占据重要地位，体现了当时彩绘技术的高超水准（图3-54）。这幅漆画精心绘制于锦瑟首尾两端的立墙之上，它巧妙地将平涂与线画两种画法融为一体。首先，它以深沉的黑漆作为底色，随后运用朱红、金黄、灰绿以及闪耀的金、银色块与线条来细致描绘物象。画面上，众多衣着独特、形象奇异的人物与充满神秘色彩的山兽怪物相互交织，共同构建了一个奇幻诡谲的世界。狩猎的紧张刺激与宴乐的欢乐祥和在画面中交相辉映，神秘幻象与现实情境相互呼应，使得整幅作品风格既深沉又热烈，形成了一幅绮丽多彩、引人入胜的艺术画面。

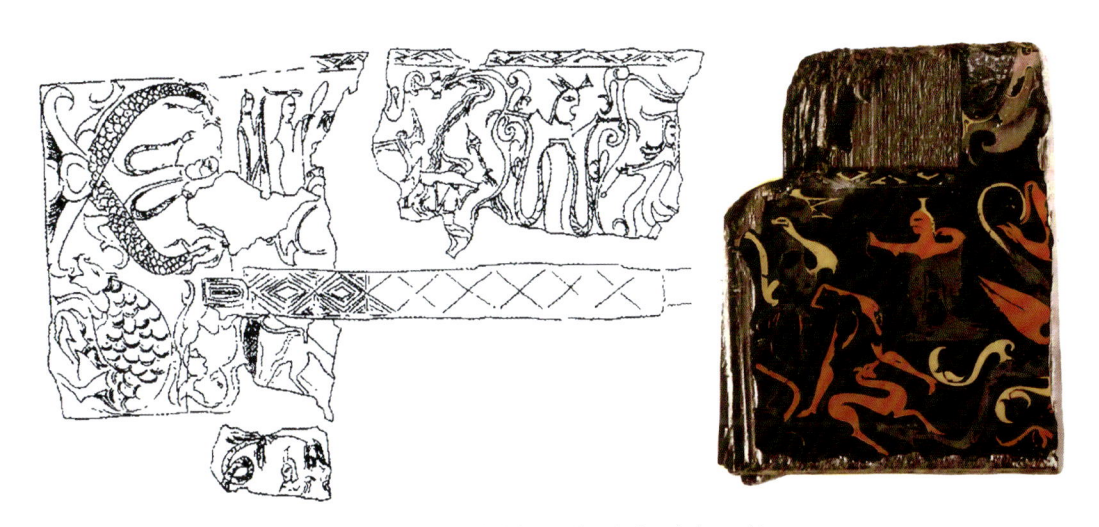

图3-54 信阳楚墓出土的锦瑟残片与其漆画纹样

（2）针刻嵌填法

针刻是战国时期崭露头角的一种独特工艺，利用锥、针、钩刀等利器，以精细入微的手法描绘动植物纹以及飘逸的云气纹。这种工艺在已髹饰完成的楚乐器漆面上施展，镂刻出纤细而富有韵律的阴线图案。这些阴刻线条细若蚕丝，流畅而华丽，立体感十足，充分展现了针刻艺术的细致与柔韧。

若是在阴纹凹槽中填入金、银粉或彩漆等材料，则称之为戗金、戗银、戗彩，这一技法称作戗纹工艺。若是不添加其他材料，则称之为锥画。古代工艺著作《髹饰录》有言："宜朱黑二质，他色多不可。其文陷以金箔或泥金。用银者宜黑漆，但一时之美，久则霉暗。"[1] 戗纹工艺在黑漆和红漆面上装饰效果最佳，与漆面形成鲜明对比，视觉冲击力强烈。具体制作方法：在已罩漆的乐器胎面上预先设计装饰图案，然后运用戗金、戗银工具，根据装饰需求刻划出粗细各异的纹样；刻划过程中须注重线条的流畅与秩序，完成后，在线槽中填入金、银粉或粘贴金银箔，并使用棉花在戗纹处轻轻打圈，直至金银粉或金银箔完全融入线槽；最后，擦去刻纹外多余的金银粉或金银箔，完成整个工艺。由于图案样式的多样性和刻划线条的粗细差异，所填金银粉的浓淡也会有所不同，进而营造出丰富多彩的视觉效果。（图3-55）

《髹饰录》中云"五彩金钿，其文陷于地，故属阴"[2]，即凡是利用彩漆、金箔、螺钿、玉石、贝壳、玛瑙等天然名贵之材嵌填髹饰漆面的，都归于"嵌填"门类。嵌填一般分为"嵌"与"填"两种类型。其中"嵌"一般是指镶嵌，先将图案纹饰的位置在漆乐器的胎体上预留出来，掏挖出形状一致的浅槽，再用工具将玛瑙、贝壳、玉石、金银箔等材料镶嵌到凹槽中。"填"主要是利用漆的黏合性对胎体的凹陷坑洼处进行填补装饰，主要有填漆、彰髹、绮纹填漆、螺钿、衬色甸嵌等技法。"嵌填"的用料大致分为软、硬两类。玉石、贝壳、玛瑙、螺钿等属于硬料，多运用嵌的技法；彩漆等属于软料，多运用填的技法。"嵌填"的漆乐器会随着光线角度的变化，散发出

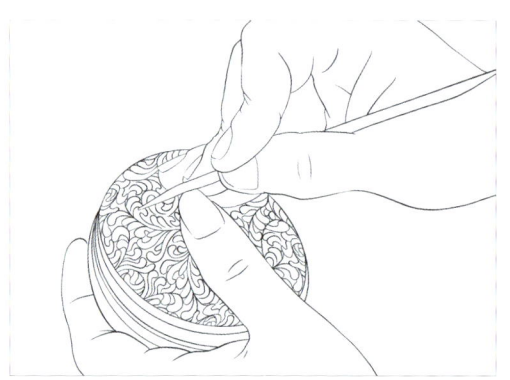

图3-55 戗纹工艺

---

[1] 王世襄：《髹饰录解说·中国传统漆工艺研究》，文物出版社，1983，第136页。
[2] 王世襄：《髹饰录解说》，生活·读书·新知三联书店，2013，第135页。

华贵动人的光彩。（图 3-56）

楚式木胎漆乐器中还有一种独特的装饰方法，名为"扣器"。"扣器"是指在漆乐器的边、盖、腰、底等易断部位镶嵌铜环、银环，以达到对木胎漆身进行加固、美化的目的，体现了楚人早期造物的智慧。

（3）贴箔描绘法

贴金银箔技艺，是一种将金、银箔精细雕刻成人物、鸟兽、车马、花卉以及几何等图案，再巧妙地贴附在器物表面的装饰手法。楚乐器贴箔时将雕琢完成的金银箔，以特制胶水细心粘贴于平滑的漆器表面，待其自然阴干后，覆盖上两至三层大漆。经过细致的打磨，金银图案逐渐显露。其间须精细控制打磨力度，以确保图案与漆体完美融合，达到浑然一体的效果。较大面积的金银箔边缘处，还可精心雕刻点缀细腻的花纹，但须注意不可刻透金银箔本身。（图 3-57～图 3-59）

此种装饰技法精妙绝伦，因其繁复的制作流程和昂贵的材料成本，每一件完成的漆乐器都显得弥足珍贵。例如，出土于曾侯乙墓的古琴和古瑟，有些上面贴有金箔，它们切割精准，贴合完美，并结合了彩绘技艺，绘制出形态各异、夸张变形的龙凤和植物纹样，与漆乐器本身的质地和造型相得益彰。其中，最薄的装饰金箔厚度竟只有惊人的 9 微米。金银箔与漆乐器表面的光泽交相辉映，形成极为华丽的视觉效果，令人叹为观止。

图 3-56　针刻嵌填技法制作出的纹样

图 3-57　贴金箔

图 3-58　打磨金箔

图 3-59　上漆

（4）堆漆法

堆漆法是指用稠漆或漆灰在器物上堆出花纹的装饰技法。这一古老而精湛的髹饰技法，以其独特的魅力，诠释着器物表面装饰的精髓。它利用天然漆料的黏稠特性，将稠漆或漆灰层层堆叠至一定厚度，再通过巧妙的刀法雕琢，塑造出局部或整体的独特造型。根据颜色的不同，堆漆技艺可分为"剔黑""剔红""剔彩"及"剔犀"等多种风格。

堆漆法可分为以下两类：

①花纹与地子颜色不同。这种堆漆方法通过堆叠不同层次的漆色，使花纹与地子（即器物表面）颜色形成鲜明对比。不同漆色互相交叠，堆成的花纹侧面显露出有规律的色层，效果极像剔犀。

②花纹与地子同色。在这种方法中，使用漆灰堆起花纹，然后上漆，使得花纹与地子颜色相同。这种方法具有浮雕般的艺术效果，使器物更加立体和生动。

堆漆法有如下装饰特点：

①层次感强。堆漆法通过堆叠不同层次的漆色或漆灰，形成强烈的层次感，使花纹更加突出和鲜明。

②艺术效果好。无论花纹与地子颜色是否相同，堆漆法都能赋予器物独特的艺术效果，使其更具观赏性和收藏价值。

堆漆法的具体做法：

材料准备。选择优质的生漆、漆灰、稀释剂等材料。其中，生漆是主要的成膜物质，漆灰则用于堆起花纹。

制作流程：

①底漆处理。在器物表面涂刷多层底漆，以增强附着力和平整度。

②堆起花纹。使用稠漆或漆灰在器物上堆起所需的花纹。这一步需要极高的技艺和耐心，以确保花纹的准确性和美观性。

③修整与打磨。待稠漆或漆灰干燥后，进行修整和打磨工作，使花纹更加平滑和细腻。

④上漆与抛光。在堆好的花纹上涂刷面漆，并进行抛光处理，使器物表面呈现出亮丽的光泽感。

在操作过程中，漆刷或其他特殊工具的运用，使大漆的物理性质得以充分发挥；自然纹样和形态在挤压堆叠中悄然成形，形成 3 至 4 层的丰富层次，这便是所谓的"变图"。堆漆技法巧妙地将线与面相结合，以锦纹为基底，图案花纹若隐若现，精致而华丽，展现出一种庄重典雅的美感。通过浅浮雕的手法，物体的形态得以生动呈现，整体风格流畅自然，技法丰富多样，为观众带来多维度的视觉盛宴。（图 3-60～图 3-62）

从战国到秦汉，楚地先民的审美观念逐渐由平面转向立体，他们不仅擅长雕刻，更不断探索新的技术和工艺。他们运用类似沥粉堆金的技法，将木胎漆乐器上的纹饰凸显出来，与彩绘技法相互辉映，使画面呈现出立体且美观的视觉效果，给器物赋予了灵动与生机。

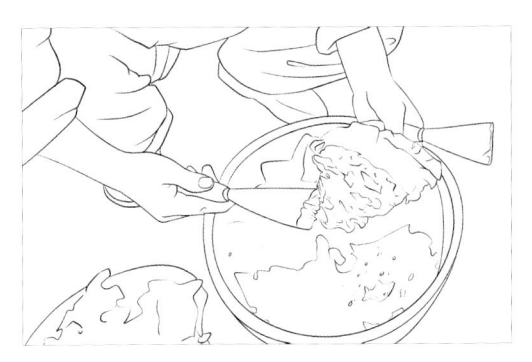

图 3-60 调漆

图 3-61 堆漆

图 3-62 描漆

二、经典楚木胎漆乐器的复制流程

上文概述了楚木胎漆乐器的制备流程,下面分别对几种最具代表性的楚漆乐器复制流程作进一步的阐析。

1. 虎座鸟架鼓

虎座鸟架鼓,又称虎座凤架鼓或凤鸟虎座鼓架,原件属国家一级文物,是春秋战国时期楚国的一种漆乐器,具有极高的艺术价值和历史意义。

虎座鸟架鼓是一种将漆、雕、绘三种艺术手段有机结合在一起的精美工艺品,是楚国乐器的典型代表。该乐器主要出土于湖北地区的楚国墓葬中,如湖北江陵望山一号楚墓和湖北枣阳九连墩战国楚墓2号墓等。虎座鸟架鼓的尺寸因出土文物而异,但一般而言,其高度1米左右,长度和宽度也相当可观,整体器型高大,造型独特。

虎座鸟架鼓以对称布局的双凤、双虎作为鼓架。底座为两只背向而踞的伏虎,虎背上各站立一只引吭高歌、蓄势待飞的凤鸟。居中悬挂一面大鼓,形成稳定而又不失灵动的整体造型。虎和凤的全身都涂以黑色,虎身的斑纹和凤的羽毛用红、黄、蓝、银灰等颜色绘制。器身通体髹黑漆,上有多色彩绘纹饰,展现了楚国漆器工艺的精湛水平。虎座鸟架鼓的构造,系六条神龙以盘旋昂首之势托起神威的双虎,象征着吉祥长寿的凤鸟以雄姿站立在双虎之上,气势不可抗拒,代表着权力、富贵。其制作之精,色泽之绚丽,造型之精巧别致,堪称经典。

虎座鸟架鼓将漆器工艺、雕刻艺术和绘画艺术完美结合,展现了楚国工匠的高超技艺和创造力。该乐器的设计体现了楚国文化的独特魅力和审美情趣。虎与凤的结合既符合古代人们对动物的崇拜和想象,又象征着吉祥、和谐与美好。虎座鸟架鼓不仅是楚国乐器的代表,更是楚文化的重要载体。它反映了楚国时期的社会生活、宗教信仰和审美追求等多个方面的内容。

虎座鸟架鼓作为楚文化的珍贵遗产,对于研究楚国的历史文化、音乐艺术以及制造工艺等方面都具有重要的价值。该乐器以其独特的造型、精湛的工艺和丰富的文化内涵成为中国古代艺术宝库中的瑰宝之一。

虎座鸟架鼓的复制过程是一个复杂而精细的工艺过程,它融合了传统漆器制作技艺、雕刻艺术以及彩绘技术。下文所介绍的这件虎座鸟架鼓是国家工艺美术大师刘比建先生的复制品。他在忠实于原作的基础上加入个人的理解，使其更具当代审美性。例如他根据当代审美对凤鸟腿部适当加高，使其更加挺拔修长，威仪感更足；不是单纯彩绘鸟的纹饰，而是雕刻（羽毛、眼睛、嘴等用圆雕加彩绘，并加以局部浮雕制成），使其立体感更强，装饰意味更浓厚。可见，复制艺术品并不是简单的克隆，而是对其理解深化后的再造，对制作者的思想、学识、历史观、工艺技巧等方面都有一定要求。

（1）研究与设计

虎座鸟架鼓的尺寸因出土地不同而有所差异，但总体来说，它是一种高大的漆木乐器，具有独特的造型和比例。复制过程首先需要对原始的虎座鸟架鼓进行深入研究，包括对其造型、结构、尺寸、材质、纹饰以及制作工艺等方面进行详细分析和测量，以制定出精确的复制设计方案。

①整体尺寸

A.高度：虎座鸟架鼓的高度一般在 1 米至 1.5 米之间。例如，有资料指出其高度可达 136 厘米或 149.5 厘米，而另一资料中所载高度为 88.2 厘米。

B.宽度与长度：宽度和长度一般与高度相匹配，形成稳定的支撑结构。如某件虎座鸟架鼓的宽度和长度分别约为 134 厘米和 145.7 厘米。

②具体部件尺寸

A.虎座：作为鼓架的底部支撑，虎座通常由两只背向而踞的伏虎组成。每只虎的尺寸都相当可观，以确保整个鼓架的稳定性。

B.凤鸟：站立在虎背上的凤鸟也是鼓架的重要组成部分。凤鸟的高度、长度和宽度与虎座相协调，形成和谐的整体造型。

C.鼓面：悬挂于凤鸟之间的鼓面是虎座鸟架鼓的核心部分。鼓面的直径或半径根据整体设计而定，通常与鼓架的比例相协调。

③比例特点

A.对称性：虎座鸟架鼓在造型上通常呈现出高度的对称性，即两只虎座、两只凤鸟以及鼓面都相对称地分布在中心轴线上。

B.稳定性：虎座作为底部支撑，其宽大的体型和稳定的姿态为整个鼓架提供了坚实的基础。凤鸟的站立姿势和鼓面的悬挂方式也进一步增强了整体的稳定性。

C.视觉美感：虎座鸟架鼓的尺寸比例不仅满足了结构上的需求，还兼顾了视觉上的美感。各个部件之间的比例协调，线条流畅，形成了极具艺术感染力的整体造型。

由于虎座鸟架鼓是手工制作的漆器工艺品，其尺寸比例可能存在一定的差异和变化。因此，在测量其尺寸比例时，需要结合具体的文物实例进行具体分析。此外，由于历史久远和保存状况的差异，部分虎座鸟架鼓的尺寸信息可能已无法准确获取或验证，需要有经验的工匠或传承人根据一般审美规律判断进行补全。

（2）选材

为了达到理想的音效，琴、瑟等乐器需要综合多种木料来制作，而虎座鸟架鼓则以选取同一棵树的木料为佳。因同一棵树上取下的木料生长环境相似，性状较为接近，制作出来的架鼓坚固耐用，在制作过程中也不会因木材性状不同而导致拼接不合或开裂。在选材时，为了方便后期的制作，应尽量避免树瘤、树疤的部位，保证木料纹理疏直，让木材每一层年轮都能吸收、消减敲击鼓面产生的震动，以达到坚固耐用的效果。

考虑到楠木常被用来制作棺椁等器物，而且一些鸟架鼓的鼓面皮革经过髹漆和彩绘处理，并不方便日常的实际使用，因此可以推测，由楠木制成的虎座鸟架鼓，不仅是礼乐之器，更是楚地贵族死后所用的冥器。显然，无论鸟架鼓的具体用途如何，它在楚地社会中的地位都远超普通乐器。它深深地融入古楚人的世俗享乐、礼乐和丧俗之中，成为楚文化的标志性器物。

（3）制作

①雕制

木料选定后，须将木料劈成大块毛料进行阴存，避免阳光暴晒或阴湿水泡，存放2至3年后方可使用。经此过程处理的木料性状趋于稳定，不会因外界环境的变化而产生过大的物理变化，可延长器物的使用寿命。

以九连墩虎座鸟架鼓为例，其整体分为七大结构，分别为底座、盘蛇、双虎、双凤、鼓。古人在制作的过程中将其分别拆解为八个部件，通过榫卯结构拼接而成。在复制过程中，先使用"一"型刀将毛料雕刻成鸟架鼓所需的各个部件，将大体的浮雕纹饰修饰出来，并通过榫卯的结构将底座、盘蛇、双虎、凤身、凤翼、凤头颈等部件严丝合缝地组装起来，制成木胎（图3-63）。木胎制作完成后须立即涂底漆，材料为浓度较低的清漆。这既能防止木胎水分流失而引起炸裂，也能减少风吹日晒对木胎的影响。

木胎完成后须将其再次封存。存放环境应与毛料封存环境相似，以存放一年时间为佳。因南方夏天湿热，木材容易过分膨胀，故而夏季不宜作为封存后的开工时间。木胎静置过程结束后，应将其取出进行检查，并在有裂纹处填补腻子进行修补，其后便可进行精修。

木胎精修使用较小的"V"型木工刀进行细部雕饰，依次雕刻出凤鸟的眼睛、头冠、羽毛等细节，并在双凤翅膀处各用浮雕的形式雕刻出一只小凤。再于凤鸟背处各雕刻一只站立的老虎，托住鼓面。精雕完成后对木胎进行仔细打磨，直至木胎通体浮雕纹饰规整并基本处于同一平面上，随后即可进行上漆。（图3-64）

图3-63　鸟架鼓木胎成型

图3-64　九连墩虎座鸟架鼓原作

②彩绘

在漆的色彩运用上,鸟架鼓多以红、黑色为主,辅以金、蓝等色(图3-65)。黑色常为其底色,上施以其他作为装饰点缀的颜色,赋予其灵动气息(图3-66)。

图3-65　鸟架鼓常用染料

图3-66　鸟架鼓彩绘技艺

以战国中晚期虎座鸟架鼓的复制品为例,其鸟身肥硕,鸟翅及鸟尾平直,虎前足斜直前伸,后足伫立,尾部上翘,灵动可爱。色彩运用上依然以黑漆为地,以红色为图形框架施以黄色纹样,但其髹饰方法一改旧制,取而代之的是以线条装饰为主体的艺术风格。刘比建运用细密精致的技法进行纹饰的勾勒,使细节处更为繁复细腻。通体髹漆后,在鼓面处以大量的单勾线条铺以少量双勾线绘制纹样;鼓面中心则以一组连续图形为核心,周边以菱形纹及卷云纹进行装饰。鸟头及鸟身大多模拟凤鸟羽毛纹样,并配以勾连云纹、鳞纹等作为髹饰,在凤鸟脖颈处环绕一圈红色色块进行分割,背部则用长长的鸟羽纹进行装饰。鸟背前端加以两只憨态可掬的小虎做鼓面的支撑(图3-67～图3-70)。在这件器物上,块面化的装饰退为次要手法,仅见于鼓框、虎尾、凤颈及凤喙处,整体纹样依据形制及造型特点进行设计与描绘,既有对自然形态的准确捕捉,又有对抽象符号的灵活运用,给人以神秘、富丽的艺术观感。

湖北江陵望山楚墓出土有多座虎座鸟架鼓。其中的一座凤鸟羽翼肥硕,呈聚拢状,翅尖末端平直且略高于鸟身,两鸟尾榫卯相连(图3-71)。在

图 3-67　鸟架鼓原型（头部）

图 3-68　鸟架鼓复制品（头部）

图 3-69　鸟架鼓原型（局部）

图 3-70　鸟架鼓复制品（局部）

图 3-71　江陵望山虎座鸟架鼓复制品

复制时，色彩以红、蓝二色为主，采用整涂大色块的装饰方法，在头部、鸟颈前段、翅膀及鼓面上运用大片蓝色色块，再辅以红色块面点缀于龙鳞样式花纹之间。色块中加以多种细节进行修饰，使之繁而不乱，整体给人以雍容华贵的美感。按照鸟的结构及造型，在鸟颈处运用细长的线条沿着长长的脖颈向下勾勒，至鸟身及翅膀的蓝色色块处还加以金色单线对羽毛纹理进行细致勾勒（图 3-72）；在红色色块处增加太阳纹样，使细节处层次感丰富且富于变化。鸟架鼓鼓面绘有花卉纹、变形凤鸟纹及卷云纹，集点、线、面于一体（图 3-73）。鸟背则绘有变形三角纹（图 3-74），呈现出个性化转变。双踏虎座则采用粗线条的红色卷云纹进行点缀，运用蓝色带状细线条进行装饰（图 3-75）。整体造型使观者在未闻其声时便感受到"虎啸凤鸣""腾云驾雾"的艺术境界。

图 3-72　羽毛细节

图 3-73　鼓面细节

图 3-74　鸟背细节　　　　　　　　　　　图 3-75　虎座细节

另一款式鸟架鼓则用更为具象的表现手法进行装饰。鸟架鼓的头部用纤细的线条绘制出羽毛纹样（图 3-76），鸟翅前部至背脊处各浮雕一鸟衔蛇造型并运用点状鳞纹进行装饰（图 3-77），体现出截然不同的美感，展现了不同时期楚人审美情趣的细微变化。

图 3-76　头部细节　　　　　　　　　　　图 3-77　背部细节

2. 十弦琴

作为目前已知的年代最早的古琴之一，九连墩楚墓出土的十弦琴除了可以弹奏外，其构思精巧、装饰华丽的表面还暗示着它祭祀祈福的功能。琴的整个外表面，或抽象或写实的动物造型浮雕巧妙布局，错落有序，再辅之以楚文化特有的漆绘图案和色彩，呈现出一种神秘的美感。可惜的是，器物出土时已完全变形，浮雕及彩绘图案断断续续，褪色严重（图 3-78）。

图 3-78 九连墩楚墓出土的漆木十弦琴

图 3-79 漆木十弦琴复制品

第一次按原貌复制展出时，古旧破败的琴难免少了活力和灵气。作为复制者，刘比建一直为此心存遗憾，故希望通过精心筹备，既要复制得惟妙惟肖，分毫不差，更要赋予其生命，再现昔时风采。凭借着深厚的雕刻、漆绘功底，以及对作品丰厚文化底蕴的独到理解，复制者心到手到，巧夺天工，终于推出了漆木十弦琴的精美复制品（图3-79）。此作品通身雕以龙纹，大龙小龙形态各异，相互盘绕。

（1）选材

①面板选材

斫琴对于面板木料的选取极为讲究，要求木料的重量轻，材质松透、柔软，质感轻脆，表面光滑，归纳为"轻、松、脆、滑"四要素。斫琴的面板多选用杉木与梧桐之类木料。

A. 杉木：杉树是一种常绿乔木，属于软质木料，木材结构有利于均匀传播高频声音而不变音调。杉木尽管纤维松散，树型却很粗壮。正是由于木材纤维的松散特性，杉木极易吸潮，在干燥的环境中容易开裂走形。不过，即使长时间使用，杉木制品的音色也不会受到很大影响。

B.梧桐：梧桐是我国的原产树种，且种类繁多。梧桐木纹理顺直，性能稳定且不易变形，这使得它成为制作古琴面板的良材。桐木年久后，木液去尽，紫色透里，全无白色，更加细密，音色极佳。这种木材的特质能够确保古琴发出清晰、纯净且持久的音色。《诗经·鄘风·定之方中》写道："树之榛栗，椅桐梓漆，爰伐琴瑟。"[1]这显示了梧桐木在古琴制作中的悠久历史和重要地位。

②底板用材

A.梓木：梓树主要分布在长江流域。梓木自身的抗腐蚀性较强，是制作木胎漆器的主要木料，其特性是质密，不易伸缩，热胀冷缩对其影响较小。

B.楸木：楸树是一种落叶乔木。其木纹密度和梓木大致相同。相较之下，梓木木质更为轻脆，而楸木的韧性更好，抗冲击力强，更坚韧，不易折断。

C.其他木材：雪松、杉木、核桃木、柏木等木料同样适于制作底板，它们各有所长。比如，雪松的木材结构致密，纹理通直，具有良好的弹性和稳定性；核桃木材质坚硬且韧性好，具有较好的稳定性和抗腐蚀性。

（2）制作

①雕制

十弦琴体由底板和面板组成（图3-80）。在制作过程中，先用斧子等较大工具分面切割出琴面的粗略形态与大致长短。在分割完成后，用铅笔或记号笔在琴面板上画出琴中央的基准线。根据基准线沿两侧继续划出琴体形状，并画出"岳山"的具体位置。之后用锉刀、砂纸等工具打磨琴体。

《琴操》云："昔伏羲氏之作琴，以修身、理性、返天真也。"[2]在古琴的制作过程中，匠人们倾注心血，施展了镂空雕、平雕、浮雕、阴雕等多种雕刻技法，精心雕琢出鸟纹、龙纹、鳞纹、人形纹等丰富多彩的装饰纹样，使古琴乐器成为一种艺术品。从现有的出土漆器作品中可以看出，春秋早期漆器雕刻工艺主要以浮雕为主。随着社会生产力的提升，镂空雕

---

[1] 周振甫译注：《诗经译注》，中华书局，2010，第66页。
[2] 陈立：《白虎通疏证》，中华书局，1994，第125页。

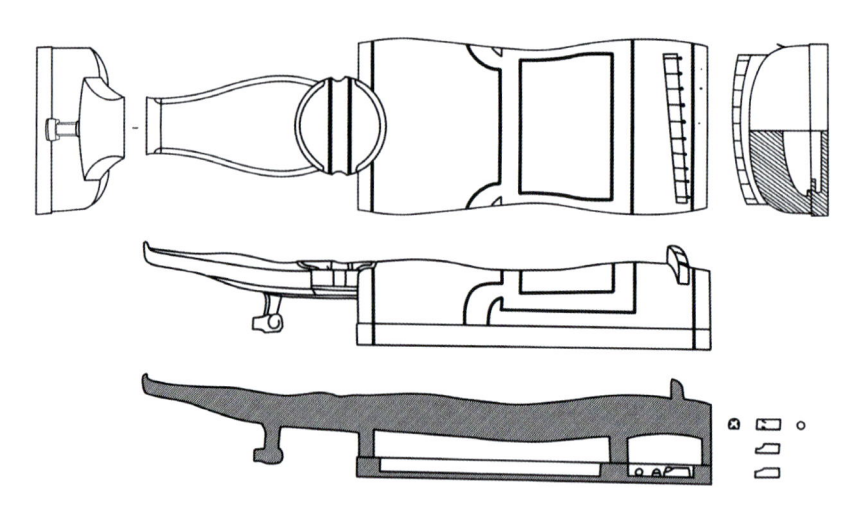

图 3-80　十弦琴结构图

等更为精湛的工艺逐渐登上工艺美术的舞台。这充分展现了社会生产力的发展对当时工艺技术发展所起的巨大推动作用。

  在雕刻技法上，制作者应追求刀法的干净利落与果断有力（图 3-81）。制备前，制作者必须对琴的结构有充分的了解，以确保刀法运用熟练而精准。这样的技艺使得琴身的线条既曲折又优美，形体恰到好处，赋予琴韵律之感与节奏之美。制作者精湛的刀法结合对琴的深刻感知与认识，使得古琴这一演奏乐器成为一件融会自然与天地之音的艺术珍品。当面板和底板制作完成后，最后一步便是精细地将二者拼合，且成一个完整的琴体。

图 3-81　雕制十弦琴

②髹漆

在上漆的工艺流程中，步骤的先后顺序至关重要，且须对空气湿度进行严格的把控。为确保琴体能够覆盖上一层温润素雅的大漆，每一道工序都必须精心完成。在初始上漆时，要采用浓度较低的大漆，以确保大漆能够均匀、彻底地渗透至灰胎之中，从而增强灰胎的质地。这一过程须进行两次。特别要注意的是，第二次上漆必须在首次的漆层完全干透后进行。在完成两次低浓度大漆的涂抹后，须涂抹一层浓度较高的大漆。上漆的次数根据具体情况而定，通常上两次即可。同样，第二次涂抹也须等待首次漆层干透后方可进行。若灰胎在打磨过程中已足够光滑圆润，大漆的涂抹次数可适当减少。完成前两个步骤的漆层并待其完全干透后，即可进入推光环节。推光工艺不仅可以显著提升漆面的光洁度，还能巧妙地褪去其表面的浮光，使漆面的光泽深沉而内敛。这一处理使得古琴的琴面更显深邃，透露出含蓄且高贵的气质。最后，进行定音与上弦工作，使古琴达到完美的演奏状态。

概括而言，琴的制作先是在木头上切出琴体的大致形体，然后在上面雕琢出精细的图案和纹理，再将各部分拼接成完整的琴体。紧接着，经过精细的上漆和推光工艺，使琴面呈现出温润的光泽。在这一过程中，优质木材的天然纹理、精心调配的漆料以及制作者的技艺与倾注的情感，三者完美融合，共同赋予古琴以独特的自然美感、浓郁的人文气息以及能够通达天地之音的神奇魅力。

3. 七弦琴

七弦琴是我国历史悠久的弹拨类乐器，是古琴最重要的一种。如今所谓的"古琴"，大多指七弦琴。七弦琴的音色深沉而悠扬，既有高山流水般的清丽，又有松风竹韵般的雅致，自创造以来便被视为"士人之器"。在古代，七弦琴多为文人士大夫所用之文房雅器，文人士大夫以此寄情山水，陶冶性情。琴曲《高山流水》表达了深厚的友情和知音难觅的感慨；《广陵散》以磅礴的气势和激荡的旋律表现了宏大的英雄气概。儒家学派创始人孔子琴艺娴熟，他教授的"六艺"中即有弹琴诵诗的内容。七弦琴可谓具有东方艺术魅力与人文气质的传统器乐。所谓"琴棋书画"四艺，琴列其首，也可以看出古人对琴道的重视。因古琴制作、器型等均有较详文献记载，复刻难度较十弦琴尚易。

（1）选材

和诸多乐器相比，七弦琴在音色品质方面有着独特的要求，斫琴的工艺也较为复杂，决定成败的第一步便是选材（图3-82）。斫琴对木料的要求非常高，中国古代斫琴是上取桐木，下取梓木，所谓"桐梓和金，锦瑟和鸣"便由此而来。其中面板的功能

图 3-82 七弦琴板材

在于"取声发律"，要用"轻、松、脆、滑"的木料；底板的功能在于"纳音振鸣"，要用"坚、实、沉、古"的木料。桐木属阳，木质松透，共鸣效果好，适合做琴的面板；梓木属阴，木质紧实，可以反弹声波，适合做琴的底板。木料阴阳相合，从而使音律刚柔并济。当然，除了桐木，杉木也是面板制作的良材；除了梓木，底板还可选择木质坚硬的楠木等。

在选材方面，要讲究木材的质地、尺寸、年龄、木纹品质等诸多方面。树龄要长，品质上要求无腐朽、霉烂、虫蚀、疤节且木性直者。选好料后，一般要将木料放在水中浸泡年余以脱去树脂，再在自然环境中风干；经过各种稳定性处理，降低木材吸湿性，提高尺寸稳定性和耐气候性。由于自然风干需要很长时间，且老木的木质结构稳定，不易开裂走形，因此工匠常搜罗各种陈年古木用来斫琴。百年老宅上的房梁木有自然的榫卯拼接结构，是斫琴木料的首选。

（2）制作

①制胎

A. 选择琴型。七弦琴造型优美且形式多样，反映了不同人群在不同时代的审美趣味。古代琴谱中记载了50余种不同类型的七弦琴样式（部分见图3-83～图3-85），如灵机式、落霞式、正合式、仲尼式、蕉叶式、伏羲式、神农式等，都可以作为现今制备工艺的参考。经解构分析发现，七弦琴的形制主要在琴首、项肩、束腰三个部位进行造型变化，且这三个

部位通常保持黄金比例，因此，琴背的龙池、凤沼和其余各部分组件的选择都应与之匹配，好的配置方能使琴的样式统一和谐。对于外形的仿制只能说是形似，琴音的品质才是关键。目前仿琴还应考虑琴材的因素，即手中的材料与所仿之琴的品质样式是否相符。因此在斫琴过程中，要考虑琴体先决条件，不能随意或机械按照所谓"古法"制琴。因材赋型，方为制琴之真谛。

此君式　　递钟式　　凤舌式　　凤势式　　号钟式

图 3-83　七弦琴不同式样（1）

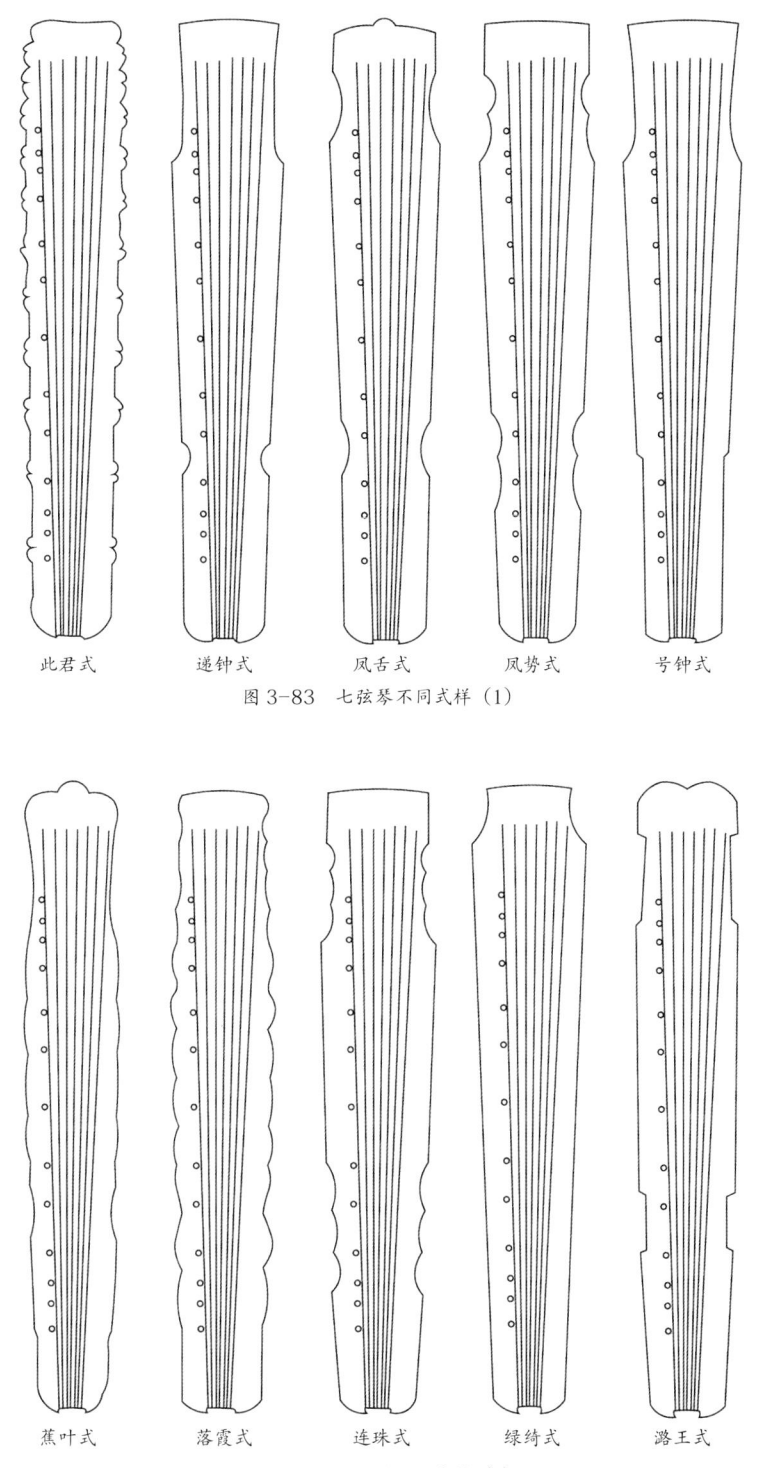

蕉叶式　　落霞式　　连珠式　　绿绮式　　潞王式

图 3-84　七弦琴不同式样（2）

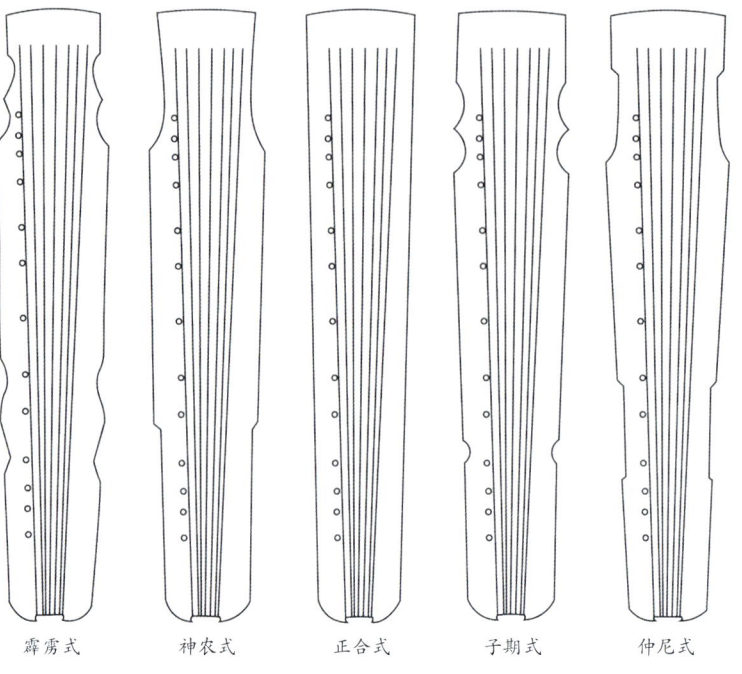

霹雳式　　神农式　　正合式　　子期式　　仲尼式

图 3-85　七弦琴不同式样（3）

图 3-86　七弦琴面板　　　　图 3-87　七弦琴底板

B. 制作面板、底板与槽腹。选择好琴型，测量好琴和木料的尺寸，用斧子粗略砍出面板和底板的大致大小，保留木材好的部分（图 3-86、图 3-87）。再用铅笔在面板和底板上画出中央基准线，尽量保持左右纹理的对称，这对震动是有利的。先清理底板表面的沙石，仔细观察和测量，找出最高点，标记最高处，然后用荒刨进行刨削，随时测量，均匀、精确地刨平各个部分。当刨削面逐渐完整，再从头到尾进行连续的刨削。在关键位置画垂直线，使用圆规保持左右对称，留出的龙龈宽度为 35 毫米，若过宽则不美。接着画出底板形状，添加更多的参考线，绘制侧面曲线部分，画上

轸池、徽、龙池、凤沼、岳山等位置，按照标记，分段截断木质纤维。琴头的弧度可以直接锯出来，琴腰曲线则要慢慢地铲，控制切削量，同时保证切面垂直。凤翅和琴尾的两条线要分开刨削，以更换不同弧度的外丸铲。继而凿雁足，先把两面雁足的中心线延伸至另一面，连接两条线，取得雁足的横向位置，就能找到雁足在另一侧的位置。画好一样大小的方孔，开始凿其中一侧，凿一半的深度。凿的方法，大体是一正一斜，一点点剔除三角形的木屑。孔的另一边，凿子反过来凿，很快便能穿透。修正四面，保证雁足能垂直于桌面。下一步是刨底板的弧度，降低侧面的厚度。琴项曲线的部分，从轸池之后开始刨削，到琴腰部分，刨削到厚度合适后慢慢连到中间部分形成弧度。底板完成，便进入面板的制作。（图3-88～图3-92）

制作面板时，首先对树心所在的一面进行刨平处理。接着，在面板上精确描绘出底板的轮廓。为了确保精准度，可以用夹子将两者固定在一起。然后，应优先寻找易于锯切的直线部分（锯切时务必

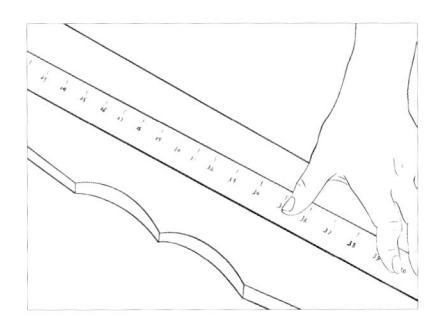

图3-89 定弦位

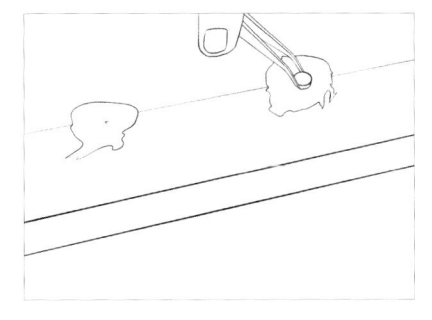

图3-90 上徽位

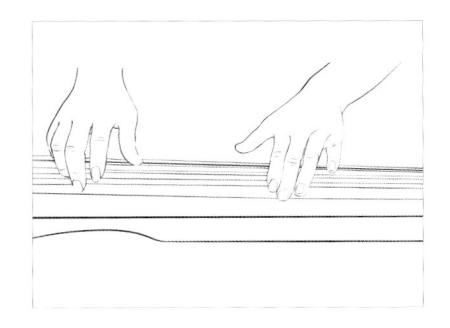

图3-91 校音

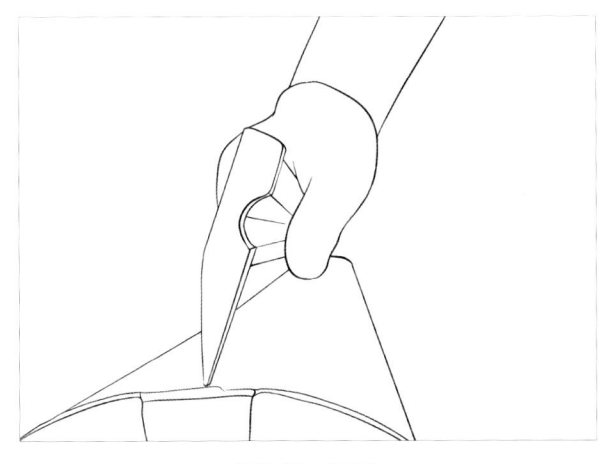

图3-88 看弦路

图3-92 凿雁足

留有余量），将大致的轮廓初步刨削出来。接下来，将面板与底板紧密捆绑，按照底板的倾斜角度锯去多余的部分。随后，进行大范围的刨削工作。开始时，为了快速去除多余部分，可以加大刨削深度。但当面板接近预期的弧度时，就需要改用细薄刨刀来精细调整弧度，确保弧度的平滑和精准。在刨削出一个优美的弯曲弧形后，要在面板头部向下大约30厘米的位置进行"低头"处理，即让岳山处的琴面比七弦琴整体的最高部分低出1厘米，这便是所谓的"流线"工艺。在整个制作过程中，务必使用长尺反复测量板面的平坦度，确保面板的平整。对于两侧弧度的测量，可以采用单眼视角来检查弧度的均匀性和流畅性，确保七弦琴的整体美观和音质效果。

决定古琴音质高低的关键是槽腹。琴腹的闭合空间是古琴共振发声的音源，需要根据每块木材的纹理结构和木材的透气性，设计好相应的槽腹结构。槽腹的深度和厚度上的细微差别，取决于工匠的经验和感受。

首先确定尺寸，画出槽腹的大致范围，并确定中心深度（两侧深度应均衡），这样有利于槽腹弧度的修整。然后用大钻头钻一个比规定的腹腔深度略浅的洞，用刨斧刨出一定深度，并改用刨子铲出边缘位置（不同的款式使用不同的工具），最后用砂纸打磨抛光腹腔。要注意腹部弧度的角度，刨削时要不断用直尺测量其深浅。每次刨挖都要控制力度，不能刨得过深或过浅。挖槽腹后，再经过一段时间的自然晾干，腹内应力也由此得以释放。然后做最后修整，组装好天地柱，进行试音和调整。

C.合琴、晾琴。面板和底板制作完成后，就可以进行合琴这一环节了（图3-93）。合琴是斫琴过程中极其重要的一环，它要求底面紧密结合，刚柔并济。古人言合琴需挑吉日，

图 3-93　合琴

带有一定的迷信色彩，但天气和温度、湿度确实会对合琴产生实质性的影响。

根据《琴经》的记载，合琴的具体做法如下：合缝时，须用上等生漆，混合黄明胶水调和，搅拌至如丝般黏稠，再与细骨灰拌匀，如饴糖般涂抹在接缝处。随后，用绳子紧紧缚定，并用木楔固定。当缝上的漆开始溢出时，应及时刮去多余的漆。现代制作中，会在接缝和边墙处均匀涂抹上混合了黄明胶水、细灰（或糯米粉和高筋面粉）的上等生漆。为了防止错位，会在琴体两头、焦尾、天地柱等处使用竹钉（现代常用钉枪）进行固定。然后，用绳子快速固定两板，并通过木块和木楔配合木工夹挤压出琴边墙的胶液。若未见胶液渗出，说明中间有空隙，此时可用针管注入生漆胶，再次用木工夹挤压局部，溢出的漆胶随手刮去。待干后，还须用砂纸打磨平整。黏合材料和工艺的选择直接关系到古琴的使用寿命。在《中国乐器制作大全》一书中，列举了多种黏合材料，如鱼胶、皮胶、鳗水、米糊等，这些古法漆胶的制作需要经过慢火熬制、提取、浓缩、干燥等复杂过程。优质的漆胶应为透明或半透明橙黄色，无气泡，异味小。然而，为了追求效率和简便，现代制作中人们多使用化学胶。尽管化学胶提高了制作效率，但可能无法保证古琴的使用寿命和质量。一张制作精良的七弦琴，其寿命可达百年以上，且不易老化损坏。面板和底板制作得当，未合琴前，便已严丝合缝；合琴之后，面底板便相互制约，更加稳定。将捆绑好的琴置入荫房（或躺置无强光直射处的地方），月余解缚，晾挂在干燥的墙上（图3-94、图3-95）。一年后再行髹漆为妙。

图 3-94　晾琴（底板）

②髹漆

髹漆是古琴制作的后道工序。髹漆工艺传承了数千年，并且包含了多种工艺，做工精巧，技法繁多。好的古琴须经裱布、刮灰、磨光、面漆、彩绘、推光等多道工序制作而成。

图 3-95　晾琴（面板）

A. 裱布

裱布工艺是古琴制作过程中至关重要的一环，上一节"髹漆和彩绘""布漆"中已经做了叙述，但跟其他漆木乐器不同的是，其他乐器裱布只是为了坚固美观，不牵扯音色的问题。而古琴琴体作为乐器发声的音箱，裱布直接关系到古琴的音质、音色及外观的精美度，所以需要做详细介绍。古琴制作的裱布工艺，包括浸泡亚麻布、均匀包裹木胎、阴干亚麻布层、检查并修平表面、反复裱布过程、确保布层无凹凸以及晾干后准备后续等关键步骤。

一是浸泡亚麻布。裱布工艺的首要步骤是选择并处理亚麻布。亚麻布以其良好的吸湿性、透气性和耐久性，成为古琴裱布的理想材料。制作前，先将亚麻布裁剪成适合古琴大小的形状，并置于清水中浸泡。浸泡的目的是使亚麻布充分吸水，变得柔软且易于贴合木胎，同时去除布料中的杂质和异味。浸泡时间须根据亚麻布的质地和厚度灵活掌握，一般以布料完全浸透且无明显硬结为宜。

二是均匀包裹木胎。待亚麻布浸泡完毕后，即可进行包裹木胎的工作。这一步骤要求极高的耐心和技巧。工匠须将湿透的亚麻布轻轻展开，平整地覆盖在古琴的木胎上，确保布面与木胎表面紧密贴合，无皱褶或气泡产生。随后，利用刷子或手掌轻轻按压布面，使其更加均匀地贴合在木胎上。对于难以贴合的边角和缝隙，须特别小心处理，以确保整个木胎表面都被亚麻布完整且均匀地覆盖。（图3-96～图3-98）

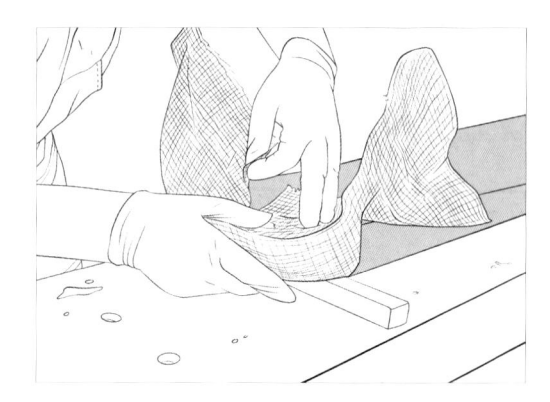

图 3-96　包裹木胎

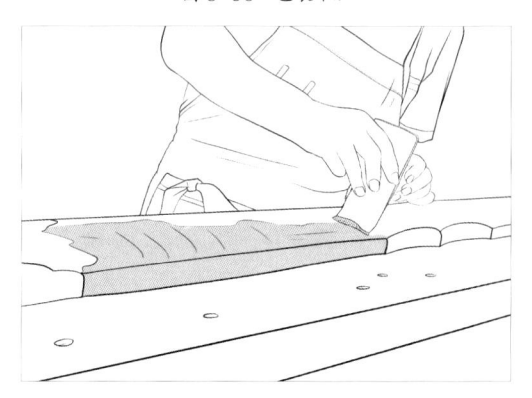

图 3-97　刷子调整布面

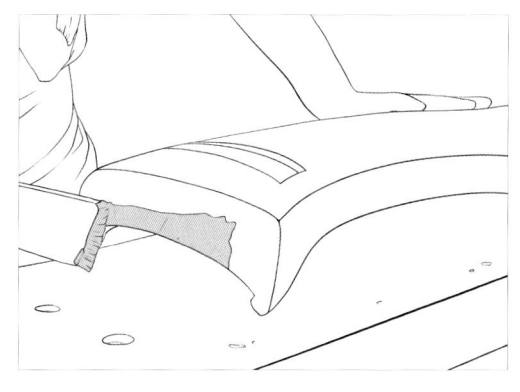

图 3-98　刷平边角

三是阴干亚麻布层。包裹完成后,接下来的工作是让亚麻布层自然阴干。这一过程中,须将古琴置于通风良好但避免阳光直射的地方,以防止布料过快干燥导致收缩变形。阴干时间的长短取决于环境湿度和温度,通常需要数天至一周左右。在此期间,须定期检查亚麻布层的干燥情况,确保其干燥过程自然、均匀。

四是检查并修平表面。亚麻布层阴干后,须对其表面进行仔细检查,查看是否有皱褶、气泡或未贴合的部分。对于发现的问题,须及时进行处理。修平表面通常使用细砂纸或特制的打磨工具,轻轻打磨亚麻布层表面,使其更加平整光滑。这一步骤对于后续工艺的顺利进行以及古琴的最终外观效果至关重要。

五是反复裱布过程。古琴的裱布工艺往往需要经过多次重复,以达到理想的层数和效果。在第一次裱布完成后,可根据需要继续重复上述步骤,即再次浸泡亚麻布、均匀包裹木胚、阴干亚麻布层以及检查并修平表面。每次裱布都应确保布层间的紧密结合和整体表面的平整光滑。通过反复裱布,古琴的木胚逐渐被多层亚麻布包裹,形成坚固且富有弹性的共鸣体。

六是确保布层无凹凸。在多次裱布过程中,须特别注意确保布层的平整度和无凹凸现象。任何微小的凹凸都可能影响古琴的音质和音色。因此,每次裱布后都应仔细检查和修平表面,必要时可采用填充物或以重新包裹的方法进行调整。确保布层无凹凸是古琴裱布工艺中的一项重要任务。

七是晾干后准备后续。当古琴的木胚被多层亚麻布紧密包裹且表面平整光滑后,即可进行最后的晾干工作。晾干后的古琴将呈现出坚实的共鸣体和优美的外观。

裱布不仅加强了古琴胎骨的坚固性,使缝合、裂缝处不易开裂松透,防止日久漆面因木

图 3-99 裹麻批灰

纹变化而欠平整，还可预防后续工作中磨石摩擦漆面导致的木胎外露，起到防护作用。长远来看，裹布附着于琴上的灰胎不易毁坏脱落，有利于古琴的长期保存和传承。（图3-99）

B. 刮灰与打磨

山东省博物馆所藏的"玉涧鸣泉"古琴（图3-100）是王心葵旧藏宋琴。此琴制作极其考究，整个琴体运用"八宝灰"涂身。"八宝灰"是将青金石、红珊瑚、珍珠、绿松石、南红、蜜蜡、金、银八种材料研磨成微小颗粒，再与瓦灰混合制成的灰胎。以此涂抹在木胎之上，这样的"八宝灰"琴在光线的照射下，会散发出宝石般五彩斑斓的光芒，极具艺术价值。然而，由于制作成本极高且不符合主流儒家的审美规范，传世之作极为稀少。

"八宝灰"工艺旨在琴器的贵重，音效却不如鹿角灰琴。明代"一天秋"黑漆琴沿袭传统的生漆制作工艺，其灰胎是由梅花鹿的鹿角研磨而成的鹿角霜，混合天然生漆调和而成。《太古遗音》载："鹿角灰为上，牛骨灰次之，或杂以铜锡等屑尤妙。"[1]而年代较近的清琴底漆所铺以瓦灰为主，至今大都漆灰剥落，不能下指。可见漆胎的好坏直接关乎一张琴的寿命及价值。古琴的灰胎层对琴体起保护作用，使琴弹拨耐刮，也对古琴特殊音色的形成起关键的作用。漆胎的厚度一般根据所用的材料和对古琴声音的要求来决定。一般来讲，木胎共鸣大，漆胎宜厚，可达3~5毫米；木胎共鸣小，漆胎宜薄，1~2毫米即可。（图3-101）

图3-100 "玉涧鸣泉"古琴

图3-101 刮灰

[1] 田芝翁撰，古琴文献研究室主编：《太古遗音》，西泠印社出版社，2020，第2页。

灰料的调制过程十分讲究，底漆、鹿角霜、瓦灰通常以5:3:2的比例精确调和，并根据需要适量添加面粉以增强其黏性。在调制时，应逐渐加入底漆并持续搅拌，随着底漆的逐渐加入，其颜色会从浅褐色、咖啡色渐变至红褐色，并最终转变为深邃的黑色，这一变化过程被称为"转色"。接下来，从粗灰开始，将调制好的灰料均匀地刮涂到琴体上。粗灰层应刮得较薄，待其完全干燥后，使用颗粒稍粗的砂纸进行干磨。中灰的刮涂则应更厚更均匀，确保四边棱角清晰，表面平滑。这样，后续的细灰刮涂工作才能更加高效。在刮涂细灰时，应选择最细的砂纸进行水磨。每次刮涂完成后，都须等待漆灰彻底干燥，这可能需要一个月甚至更长时间。干燥后，用适当的磨料进行打磨，并通过试音架检查琴的音质。如果刮涂不平整或厚薄不均，可能会导致"刹音"现象，对发声质量产生不良影响。因此，每次打磨后，都须从各个角度仔细观察灰胎的平整度，并用手触摸，感受其质地，如有需要，使用牛角刮刀进行精细修补。

古代漆器工匠发现大漆在湿热的环境中干燥得更快，所以制作漆胎，以南方的气候更为适宜。现代也可以运用设备如加湿器、空调、暖气等，使灰胎更易干透，但要注意让灰胎处于恒温的环境中，否则会造成漆层的开裂、起壳、坑洞、变形等现象。灰胎制作完成后要自然存放约一年时间，才能够达到彻底的干燥。目前我们见到的唐宋元明琴，虽历千百年，漆层大都坚固完整，可见制作工艺之精湛。灰胎完成后，定13个徽位，并且要保证其分毫不差，这是古琴准确无误的音位保证。操作完毕便可以上面漆了。

C. 上漆

髹漆工艺中的面漆一般使用的是熟漆，有无油、有油、无色、有色等多种，多数还会添加其他材料以增加更多性能与属性。煎制而成的有油黑漆具有流平性，干燥后有自然的光泽（图3-102、图3-103）。以漆刷将制成的黑漆涂刷在底胎上，同样要多遍髹涂打磨，使漆层具备一定厚度，经久耐用。多数古琴的面漆制作都采用此类做法。但是熟漆涂刷的方法会掩盖木料的纹理和天然色泽，所以还有一种采用真丝团蘸生漆进行揩漆的方法，使漆膜较薄，产生"其面润滑、木理灿然"[1]的效果。需要注意的是，不论对琴面采取何种髹漆方式，每层刷漆后都要进行阴干处理（图3-104）。

七弦琴琴面的制作必须层层揩漆，每层都要薄，揩漆十几层乃至几十层后才能形成一定的耐磨厚度。每次揩漆三遍后必须让大漆彻底氧化变硬，再用800目以上的细砂纸精细打磨、

---

1 王世襄：《髹饰录解说》，生活·读书·新知三联书店，2013，第132页。

图 3-102　面漆

图 3-103　晾漆

图 3-104　阴干

退砂，使其光滑后方可进行下一轮揩漆。必须严格按照程序进行操作，不能急于求成，直至漆面温润如玉、薄厚适中，方可进入下一个步骤。七弦琴的揩漆次数相比其他木器较多，因此也耗时耗力。

精细的楚系髹漆技艺不仅使古琴更加美观，也使其发音共鸣效果得到提升。

③装饰

古琴髹漆大多没有彩绘，漆面较为素雅，究其原因，主要是古琴琴面对漆膜平滑度和硬度有着非常高的要求，如果增加彩绘等装饰，势必增加工艺难度。但是楚木胎漆乐器上大量施以彩绘，装饰华丽，绚丽夺目，这也是楚木胎乐器的独特之处。很多古琴是间杂红、黑二色的，具体做法是将琴的底色施以红色，再上黑漆，等黑漆干透后，运用砂纸打磨显现出红色的底色，这样会呈现红、黑相间的斑驳纹理。同样，二色可以转换，将黑漆作为底漆，表面施以红色。红、黑二色的对比为古琴增添了一抹别样的色彩。

④上弦

换弦和上弦是古琴维护中极为考究的一环。在上弦时，特别要注意借力。首先，需要拿起弦轸，这是古琴上弦时的一个重要结构。接着，用绳子将木轸与通眼紧密固定，再利用铜丝将其串联起来，确保弦能顺利穿过弦眼。完成蝇头、绒扣和轸子的系结后，调整绒扣至岳山位置，确保绒扣的起点与岳山平齐，使蝇头恰好卡在岳山的边缘。这样的设置有助于琴弦与岳山紧密结合，发出最佳音质。随后，将琴头轻轻放置在地板的软垫上，将雁足面朝外，琴面右侧贴靠于胸前，用下巴抵住琴身，轻拉琴弦试听音准。要确保琴弦紧贴，并缠绕在雁足上的七个弦眼上。由于直接用手上弦可能会划伤手部皮肤，可在琴弦尾部缠绕软毛巾或软布。从底板向雁足处顺缠数次。接着，左手握住琴尾端，右手用力向下拉拽卷着软布的琴弦。在此过程中，可以稍微将琴远离身体，用左手大拇指轻轻拨动琴面上的琴弦，检查音高是否达到要求，并感受弦的松紧度是否合适。当音高基本符合要求后，右手继续将琴弦紧贴于底板，用力缠绕在雁足上，确保琴弦稳固且音准无误。

　　雁足的缠绕过程尤其重要。初三到初五圈每圈都要压实，才能保证琴弦的张力。琴弦应该兜在两雁足之间，从里到外缠绕。最后，将剩下的弦尾穿夹在琴背和弦之间或两弦之间，然后折起弦尾以防滑脱。按照传统上弦方法，首先从五弦开始上起，五弦一般和国际标准音高 A 等音；定准音后，按照六、七的顺序将两根小弦缠绕在靠近身体一侧的雁足上；然后按照一、二、三、四的顺序将四根大弦依次顺时针缠绕在远离身体一侧的雁足上。（图3-105）上弦完成后，将琴竖直放置一晚。（图3-106）如果第二天弦松掉了，须重新调紧；如松垮程度较大，须重新上弦。

图 3-105　缠雁足完成　　　　　　　　图 3-106　上弦完成后竖置琴

4. 瑟

以曾侯乙墓出土的瑟（图 3-107）为代表。其造型简洁大气，色彩华丽富贵，图案精妙华美，乐声悠扬柔雅。瑟的尾部双龙吻和相对，两侧小龙缠绕。整体雕刻精美，赋予了乐器丰富的精神内涵。

图 3-107　曾侯乙墓出土的瑟

复制楚瑟的挑战主要体现在多个方面。从工艺制作的角度来看，曾侯乙古瑟的雕刻和彩绘技艺堪称一绝，图案饱满华丽，动感十足。不具备扎实的雕刻和绘画基本功，很难达到惟妙惟肖的效果。当然，最大的挑战在于如何让古瑟在现代重获新生。在复制此作品之前，全国并没有出土古瑟的详细资料和完美复制品作为参考，且古瑟并不具备现代弹拨乐器所能发出的音调。因此，复制的作品不仅要求外观逼真，而且必须能够发声演奏，既要形似，更要声似。

为了克服这些挑战，刘比建根据考古发掘的楚瑟实物，结合现代筝的结构特点，成功制作了仿二十五弦楚瑟（图 3-108）。这款仿制品不仅能够演奏琶音、和音、和弦及快速旋律，还可运用揉音、滑音等技巧，具有独

图 3-108　刘比建仿制的楚瑟

特的音乐韵味。它曾参与湖北省歌舞团的《编钟乐舞》演奏，赢得了观众的高度赞誉。

（1）选材

①桐木

桐木即取自梧桐树的木材，主要为玄参科植物泡桐或毛泡桐。在商周时期，梧桐树就与凤凰形象相连，《诗经·大雅·卷阿》载："凤凰鸣矣，于彼高岗。梧桐生矣，于彼朝阳。"[1] 人们自古便把梧桐当作高洁品质的象征。从外观上看，桐木的纹理通达挺直，纹路美观细腻又有鲜艳色泽；材料加工方面，桐木轻薄柔软，密度较低，易于加工、雕刻和染色，同时不易发生变形或翘裂，干燥处理后的桐木不易吸收水分和潮气，易于保存。《宋史·乐志》写道，"夔乃定瑟之制：桐为背，梓为腹"[2]，特别指出其在古瑟制作中的重要地位。桐木不仅有良好的寓意，又耐潮、耐蚀，容易保存，又有不论天气如何变化都可稳定音色的特性，被冠以"琴桐"的美称，广泛应用于乐器的制作。

②梓木

梓木，俗称"子木"，是一种落叶乔木，即檫木。它偏好温暖湿润、雨水丰沛的生长环境。其木质坚硬且耐腐，这种特性使梓木与古代工匠们追求的纳音振鸣效果不谋而合，尤其在瑟的制作中得到了广泛应用。《大明会典》中便有以梓木作为古瑟制作材料的记载。

梓木的木材纹理优美，线条平直且带有自然光泽。尽管其质地相对较轻，但强度适中，结构略显粗犷。它还具有不易开裂、伸缩性小和抗腐蚀性较强等特点。其雅致美丽的材色可与东北的水曲柳相媲美。在古代，梓木被视为珍贵的贡木，深受皇家青睐。南北朝时期的贾思勰在《齐民要术》中便提到，梓木在制造车板、乐器和棺材等方面都是首选材料。

（2）制作

①形制

琴、瑟虽同为丝弦乐器，并称为"琴瑟"，但两者因形制不同，使用场所也随之有所区别。作为君子修身养性的七弦琴，常用于独奏的场合，仅与瑟等进行合奏，其作为乐的属性重于礼的属性；瑟多用于礼仪活动中，与其他乐器共同合奏。根据史料记载，瑟主要有四种形制，分为雅瑟、颂瑟、大瑟、小瑟，其中雅瑟二十三弦、颂瑟二十五弦、大瑟二十七弦和

---

[1] 周振甫译注：《诗经译注》，中华书局，2010，第412页。
[2] 脱脱等：《宋史·乐志》，中华书局，1985，第3343页。

小瑟十五弦；除此以外另有五十弦和四十五弦两种，但至今尚未有并于弦制的出土文物予以辅证。河南信阳、湖北江陵等地楚墓，湖北随县曾侯乙墓，长沙马王堆一号汉墓都出土有瑟，弦数二十三至二十五弦不等，以二十五弦居多。

以曾侯乙墓出土的楚瑟为例，春秋战国及西汉时期的瑟形制为长方形，面板稍微呈弧形走向，共有一条首岳、三条尾岳、二至四条弦线木枘；待到明清时期，瑟的形制发生改变，面板逐渐下垂，瑟首和瑟尾之间呈拱形走向，共有一条首岳和一条尾乐，没有木枘且弦不分组。当代仿制的瑟形制以楚瑟二十五弦为主，刘比建吸收现代筝结构上的合理部分制作了仿二十五弦楚瑟，通过雕刻技艺与彩绘技艺的施用，高度还原了楚瑟体的浮雕与装饰花纹。（图3-109～图3-111）

图3-109　刘比建复制的楚瑟瑟头局部 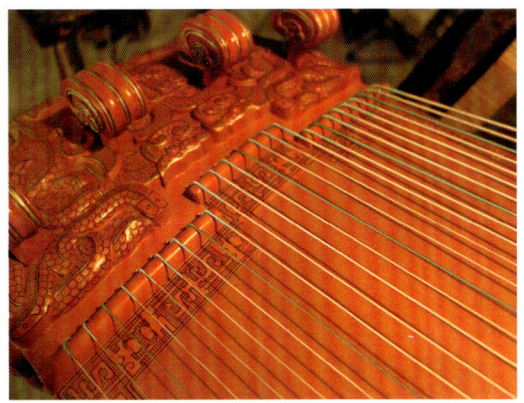　　图3-110　刘比建复制的楚瑟琴弦局部

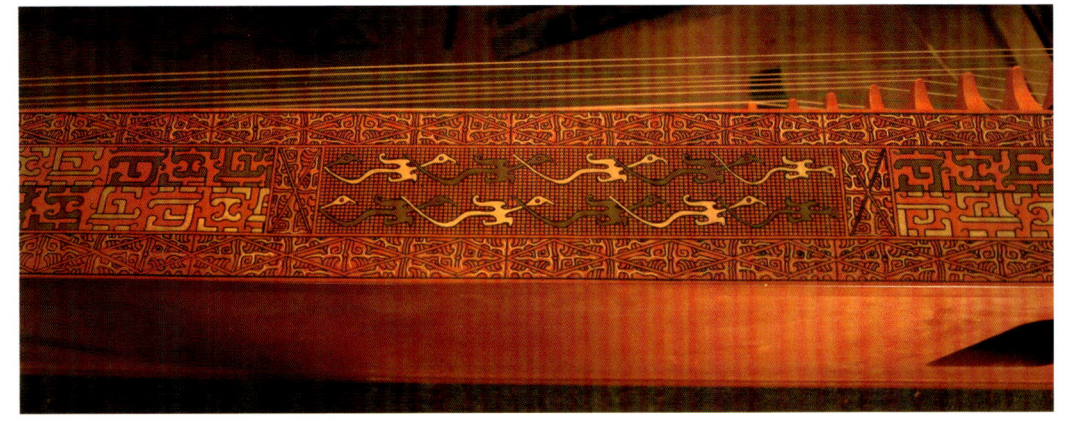

图3-111　刘比建复制的楚瑟瑟身纹样

②器型制作

楚瑟的制作总体上分为三类制法：

第一类是整木掏雕法，这种方法多见于古代早期的瑟。其特点在于选取一整块木材，通过掏雕工艺，形成包含瑟面、挡板和侧板在内的完整瑟体。随后，将瑟枘、岳山和承弦槽的部分嵌插于面板之上，并通过榫卯结构将各部件紧密连接和加固。底板则是用另一块木板，通过铆钉和销榫的方式与瑟体牢固连接。

第二类是瑟面、墙板和底板组合法。这种制作方法涉及瑟面、挡板和底板三个主要部分。瑟面采用独立整木进行刨雕而成，而侧板和挡板的四周墙板部分则由四块木板组合而成。最后，使用底板将整个瑟体拼合，并与弦枘、承弦槽、岳山等部分进行嵌插连接，确保结构的稳固与美观。

第三类是多木板拼合法。这种方法不使用独立整木来掏雕瑟体或瑟面，运用多木板的拼合，增加零部件的嵌合量，从而提高整体结构的稳定性和耐用性。

楚瑟的制形趋势明显展现了从整体结构向多板块拼合的发展。近年来，张开镒和周墩发在古瑟仿制过程中采用了第三类制法。这种方法强调面板由多块桐木板精确拼接成弧状，面板的弧度从首部平缓过渡到尾部，并在侧边镶嵌弧形饰缘以增添美感。底板上巧妙地挖出两个较小的扇形音孔和一个较大的扇形音孔，四周则镶嵌红木边以提升整体质感。侧板通过精细的榫卯结构与瑟首板、弦轴板和挂弦板紧密连接，共同构成一个完整的弧形瑟框。整个瑟框与面板之间通过强力胶紧密黏合，形成一定的内应力，以优化乐器的振动效果。

胎型制作完成后是定弦和上漆工作，以确保瑟的音准和外观质量。最后，进行系弦工作。古瑟的系弦方式十分独特：弦头被巧妙地在特制的小型竹棍上打结；弦尾则从首岳内穿过瑟的面板，经过尾部的岳山弦孔，进入瑟体内部，再从尾端穿出，分组系在弦枘之上，完成整个系弦流程。这一传统技法保证了瑟的音质，体现了古代工匠的精湛技艺。

③装饰

古瑟纹饰漆绘主要分为素面和彩绘两类，颜色以朱漆和黑漆为主，常在瑟体的首尾部分和面板部分髹以红、黑相间的各式图案，或在漆瑟的尾部进行浮雕装饰。纹饰多是饕餮纹、禽纹、龙纹、凤纹、蟠蛇纹，部分附有鳞纹、花瓣纹、卷云纹或相对规整的几何纹案。华丽如河南信阳出土的彩绘锦瑟，首尾部更绘有系列组图，包括巫师持法器、戏龙戏蛇、宴乐出猎等场面（图 3-112、图 3-113）。

图 3-112、图 3-113　河南信阳出土的彩绘锦瑟装饰图案

5. 扁鼓与手执鼓

曾侯乙墓出土的扁鼓鼓径 40 厘米，呈扁圆形，是楚人舞乐的重要器具，也是舞蹈的道具之一。正如当代萨满信仰民族所见，楚墓扁鼓同样兼具世俗享乐与巫舞祭祀的特征。

手执鼓是与扁鼓在同一墓室发现的另一种鼓，亦为鼓乐的重要组成部分。手执鼓鼓面较小，用手敲击，声音"闷而不发"，由此推测，手执鼓是使用较小的鼓槌敲击发声。演奏时，楚人一手执鼓，一手执槌，边舞边敲，发出音调偏高而清脆的鼓声，类似于现在的军鼓，在乐队中起着高音定调与协调控制乐曲节奏的作用。

（1）选材

①楠木：在分析虎座鸟架鼓时已经对楠木的产地、特性进行分析，在此从略。

②梓木：在分析瑟时已经对梓木的产地、特性进行分析，在此从略。

③榉木：榉木作为器具材料的历史十分悠久，可以追溯到石器时代。榉木适应环境的能力较强，在长江中下游随处可见，是非常易得的原材料。其木性相比硬木较为疏松，易于制成需要的形状，所以是古代先民制作乐器、家具等器具的首选材料之一。榉木木质紧密，木材纹路细腻，拥有像波浪一样层层叠叠的宝塔纹，故而抗冲击能力较强。榉木经过蒸汽加工后可以弯曲，便于制成各种样式。榉木在放置处理后木性稳定，接近于楠木。榉木共振性好，有利于声音的传播，所以在出土的鼓类乐器中，原材料大多为榉木。

④牛皮鼓面：因鼓皮的厚度直接影响着鼓的音色，高音鼓一般要求蒙皮偏厚。牛皮厚度

适当、韧性较好，且材料易于获取，所以多作为鼓乐器蒙皮。在材料处理上，先将牛皮剥离，把皮下脂肪与皮上毛发刮除干净，再在阳光下晾晒直至干燥；将干燥后的牛皮泡水至柔软，再将其晾晒；如此反复数次，使得牛皮韧性与坚固性提升，可经受长期敲打。

⑤其他鼓面：除牛皮外，楚地鼓乐器还用羊皮、犀牛皮、鳄鱼皮等作为鼓面材料。古时江汉流域水网密布，森林茂密，野兽众多，可选择的材料非常丰富，但因年代久远和墓室环境影响等原因，鼓面大多未能保存下来。可以肯定的是，古人因音色的不同需求，会选择不同的鼓面材料，鼓面材料的使用呈现多样性。

（2）制作

根据出土文物构造的相关研究，扁鼓与手执鼓等小型鼓类在构造与制作方法上大致相同，只是外在的造型稍有差异。最初，小型鼓往往采用原木挖制而成，这种方法受制于木材尺寸。稍大体积的鼓可能很难寻找到大小合宜的木料，并且在修型过程中，鼓壁较厚，难以测量其是否均匀，不利于声音的传递。后来人们采用拼接的方法，制作出的鼓类音色明显更为清脆，传播性增强。这种制作方法大致分为粘拼、修型、组装、髹漆和彩绘五大步骤。

①粘拼：首先需要选取木材，并将其放置在适当的地点静置3至4年，以确保木料性状逐渐稳定。随后，根据鼓的直径大小，将木材切割成相应大小的正方体木块。材料的使用量直接取决于鼓的直径。最后，将切割好的木块进行粘拼，以完成鼓的制作。

②修型：在完成了基本的粘拼之后，须使用专业的工具将木块切削成精确的圆柱体形状。接下来，要在圆柱体上细致地勾勒出需要处理的区域，并严格根据这些标记线进行精细的加工处理。在中心位置精确地掏出音箱造型，同时确保鼓壁被均匀地削薄，这样既能保证鼓能够发出悦耳的声音，又能使腔壁产生良好的回音效果。整个处理过程旨在优化鼓的音质和回响。

③组装：鼓类乐器的发声原理主要是将鼓面的振动传导至鼓腔内部，进而在鼓腔内部产生声音。鼓面作为发声的关键元素，传统上多采用兽皮制作，而铜鼓则采用一体式成型的方式。在鼓的制作过程中，首先将预先加工好的牛皮鼓面粘贴于木胎之上，随后使用竹钉进行加固，以确保鼓面的稳固与平整。

在竹钉被引入制鼓工艺之前，工匠们曾经使用皮绳将兽皮捆绑于木胎之上，然而这种方法的密闭性存在一定缺陷。随着竹钉的应用，鼓腔的气密性得到显著提升，这增强了鼓的演奏效果，使音色更加饱满、深沉，让鼓类乐器在演奏中展现出更加出色的表现力和艺术感染

力。（图 3-114、图 3-115）

④髹漆和彩绘：首先精细打磨木胎的表层，确保其平整光滑。随后，在木胎上髹以大漆，并让其静置直至完全干燥。这个过程反复进行数次，以便在木胎表面形成多层漆皮保护，不仅增强其耐用性，也提升其美观度。这样，一个完整的鼓的制作便宣告完成。（图 3-116、图 3-117）

扁鼓和手执鼓在装饰上通常较为简洁，少有繁复的彩绘。它们往往以黑色或红色为主色调，不施加其他多余的纹饰，展现出一种素雅、简洁而大方的美感。红与黑的设色不仅为鼓增添了庄重感，也使其更具艺术韵味。

图 3-114　刘比建复制的手执鼓原型

图 3-115　刘比建复制的手执鼓

图 3-116　刘比建复制的扁鼓原型

图 3-117　刘比建复制的扁鼓

6. 建鼓

"上覆羽葆垂苏，下置盘龙底座，立柱上下贯通，中间悬置鼓腔，鼓腔饰以华图，鼓面涂以飞龙。"[1] 这就是历史久远的建鼓。建鼓以一木柱直贯鼓身，以为支柱，是两周至汉代时期重要的高级礼器，用途广泛，在军事行动、宗教仪式、民间活动中都有出现。建鼓的鼓身长而圆，鼓体较大，中间稍粗，两端略细，两面蒙皮，用两槌击鼓一面，音量洪大，传播甚远。我国今日流传的许多大鼓，都起源于建鼓。

图 3-118 曾侯乙墓出土的建鼓青铜底座

楚地曾侯乙墓出土的建鼓底座（图 3-118）已有两千四百年历史。鼓座由数十条青铜雕龙相互纠缠盘绕而成，其中有十六条大龙对称缠绕；在每条大龙的头、身、尾部均攀附数条小龙，制作技艺无比精美。相较扁鼓和手执鼓，建鼓工艺更为复杂，复刻难度较高。

（1）选材

制作鼓身的第一步是选择木材。建鼓体型一般较大，早期常用于战时，要求鼓声洪亮有穿透力，且行军途中方便携带，故选材要求木质坚硬，材质轻便。

①枫杨木

枫杨木是常选用的木材之一，属于落叶乔木，最高可达 30 米，直径约 1 米，是平原湖区常见树种。它生长迅速，仅需 10~15 年就可长成，且材质轻软，纹理细致，易于加工，不易翘裂，是制作鼓乐器的优质材料。枫木密度较高，易进行漆艺加工，尤其适合楚地髹漆习惯。枫杨在全国各地均有分布，在古时楚国境内最为常见，因此材料的获取也较为便捷，曾侯乙墓出土的建鼓即为枫杨木。

②樟科檫木

樟科檫木也属于落叶乔木，最高可以达到 35 米长，直径可达 5 米宽，木材颜色以浅黄

---

[1] 张振涛：《一鼓立中国》，《读书》2019 年第 8 期，第 122 页。

色为主，材质优良，纹理细致且耐久经用。因其属樟科，具有防虫成分，用此类树种制器可防虫蛀，延长乐器的使用期限，保证音质。檫木为樟科中树形最通直的速生树种，对于整木挖制的制鼓来说，树干的直挺和胸径大小尤为重要，因此檫木便成为制鼓的优先选择之一。

此外，梓木也是常用木材之一。

（2）制作

①鼓腔

多数建鼓内部隆起呈桶状，以增大其共鸣腔内部空气容量，有助于提高鼓乐音质。肚大而中空的器形使它形成了一个大的共鸣腔，可以更好地与腔内空气进行耦合，使其发声更加响亮。腔体的异同直接影响到鼓发声的异同，圆形腔体是鼓身最适合的形制。《周礼正义》如是记载："鼓大而短，则其声疾而短闻；鼓小而长，则其声舒而远闻。"[1]这说明了鼓的整体形制和音响之间的密切关系，是对建鼓的制作技术与经验的分析与总结，由此可推断早在殷商战国时期就有制作和构建鼓体音响的技术。

鉴于鼓腔形制的需求，建鼓鼓体大致可分为两种制法，即腔板拼接法和整木挖制法。

曾侯乙墓出土的建鼓是采用腔板拼接法制成的。首先要根据具体的尺寸和要求，将木材切割成不同规格的木板，以便于后续制作鼓圈。这些木板需要经验丰富的制鼓师傅使用特制的工具刨出特定的弧度。弧度的确定依赖于鼓腔的高度：鼓腔越高，所需的弧度就越小；反之，鼓腔越低，则弧度越大。在刨出弧度的同时，还需要对木板进行熏干、烘烤和定型等复杂繁琐的工序。当木板内部呈现出焦黄色且表面变得粗糙时，就可以进行精细的打磨了，这样可以充分展现出木材的内部纹理。接下来，将加工好的木板整齐地嵌入鼓腔型的铁架中，通过仔细敲打和添加黏合剂，使木板紧密贴合铁架，形成圆形。这个步骤要求鼓身必须严实，不能有任何漏气，对工匠的技艺要求极高。

图3-119 腔板拼接

---

[1] 孙诒让：《周礼正义·䩨人》，中华书局，2013，第3987页。

最后，将制成的鼓圈用绳子绑紧，以加固鼓圈的结构；也可以在绳子下方钉上钉子，使黏合更加牢固。（图 3-119）

整木挖制法则是从一整根天然树干中剜制出鼓体。这种方法对木材的要求很高，需要选取合适胸径的树干节段，将其内部掏空，再将外周剜至适当的弧度。经过修刮、打磨等工序后，就可以得到一个完整的鼓体。通过这种方法制作的鼓腔无须拼接和黏合，外观精致且更加耐用。然而，由于原材料利用率低且要求高，这种工艺并未成为主流制作方法。

②蒙皮

在完成鼓腔的制作之后，鼓膜的选择成为至关重要的一环。旧时，木制鼓的鼓面多选用上乘的优质兽皮，其中，牛皮尤为常见。选择牛皮时，工匠们会严格把关，确保所选材料完好无损，以保证鼓的音质和耐用性。

首先，湿润的牛皮须经过细致的刮毛处理，去除多余的脂肪和杂质。接着，将其放入温暖且恒温的水中反复浸泡，直至充分吸收水分。随后，取出湿润的牛皮，置于鼓腔之上，为接下来的制作步骤做好准备。在手工刨皮的过程中，工匠们必须保持极高的专注度和精细度。刨皮技巧要求从中心开始，逐渐向外扩展，确保中心部分较薄而四周稍厚，以优化鼓的音响效果。由于厚薄程度难以直接测量，工匠们须凭借丰富的经验进行判断和调整。优秀的工匠往往需要经过多次尝试，才能将牛皮刨至理想的厚度。

完成刨皮后，便是绷皮。工匠们会在已刨好的皮膜边缘打孔，并穿好麻绳。然后，使用多条大麻绳将鼓皮均匀地拉至鼓腔下方的"鼓床"上，并逐一系紧，确保四周力度均衡。最后，通过用力击打鼓槌使皮膜充分振动来，仔细辨听音色，直至达到理想的音响效果。绷皮完成后，须每天将鼓置于烈日下暴晒，使鼓皮绷紧，以加强鼓皮的紧实度和音质。如遇阴雨天气，则不宜进行绷皮操作。（图 3-120）

最后，将多余的蒙皮裁去，整个鼓的制作便初步完成。

古时常用兽皮制成的皮绳连接鼓身与鼓面，但由于皮绳易伸缩、易松动，影响鼓的音质和耐用性，如今，一种新式竹钉取而代之作为连

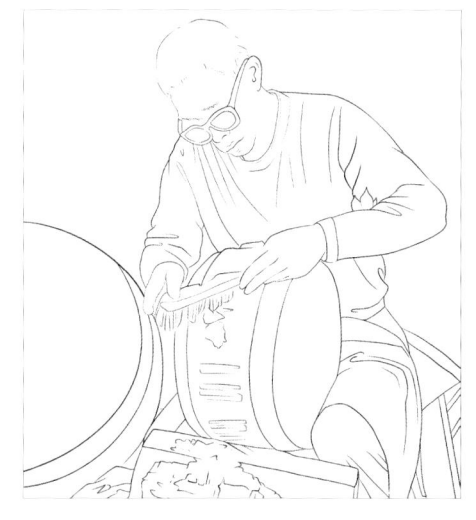

图 3-120 绷皮

接工具。这种竹钉不易生锈，韧性强且不易变形，能够牢固地固定鼓面与鼓身，减少声音传递过程中的能量损耗，提高鼓的音响效果。

③组装

建鼓的独特之处主要体现在其后腰的设计上。它用楹杆将鼓置于座中，使得鼓能够稳固地竖立。为了支撑整个鼓体，鼓腔内的正中间与鼓的腰部各开有一孔，以便楹杆贯穿其中，从而将鼓稳稳地托起。楹杆被植入青铜材质的鼓座柱管内，深入鼓座之中。座内填充有木质材料，确保高耸的楹杆插入后能够保持稳固。对于曾侯乙墓出土的青铜鼓座而言，其底座自身的重量已经足够稳固地支撑住楹杆。

值得注意的是，底座中圆管形插口的直径没有统一的标准，而是根据所需承受力的大小而精心调整的。早期鼓座多为青铜铸造，随着时代的发展，也有木质底座的出现，但由于木质材料易腐化，出土时多已损毁，因此关于木质底座尚未有确切的考古证据。

图 3-121　皮面髹漆

④彩绘

建鼓的鼓体表面通常涂以色漆，以红色和黑色为主，部分建鼓还饰有红、黄、褐等彩绘图案。涂色不仅起到美化鼓体的作用，还具有一定的保护效果，能够延缓鼓体的腐朽。（图 3-121）

⑤装饰

由于建鼓装饰物的制作材料易腐烂，其确切的生产年代难以通过现有文献资料得以确定。然而，从目前已获取的部分图像资料来看，战国时期的人们已经有了装饰鼓体的概念。（图 3-122）图像显示，

图 3-122　九连墩楚墓出土的战国建鼓

建鼓的楹杆部分装饰有少数几根羽葆形物件，其下还斜插着形似长矛的物体。经过分析，这些装饰很有可能承载着在战争中传递战斗信号的功能，同时作为区分敌我阵营的标志。楚地的建鼓具有独特的特点。其连珠状的楹杆和简洁精炼的羽葆造型，不仅体现了楚人在工艺制作上的独特风格，也反映了他们朴实爽快、崇尚简约的性格特征。

《诗经》描写宗教或者有关巫术的情节时，有时"鼓"与"鹭"的形象会同时出现。《隋书·音乐志》记载道："近代相承，植而贯之，谓之建鼓，盖殷所作也。又栖翔鹭于其上，不知何代所加。或曰鹄也，取其声扬而远闻。或曰鹭，鼓精也。"可以看出古人具有"鹭"为鼓之精的观念，在商朝已有将鹭装饰于建鼓之上的例子。经考证，"鼓"与"鹭"的巧妙组合很可能是因为古人希望借助神鸟的灵气来增强建鼓的精神力量。（图3-123、图3-124）

建鼓的底座也运用各种动物造型进行装饰，以虎为座的数量最多。在古时，老虎有很浓厚的宗教意义。在我国东汉时期，应劭所著的《风俗通义》中明确记载："虎者，阳物，百兽之长也，能执搏挫锐，噬食鬼魅。"古人认为老虎的形象可镇宅辟邪，护佑一方。利用虎纹来装饰建鼓，同样体现了古人借神物之形象来祭祀、通神的观念。

图 3-123　湖北地区东汉建鼓画像石拓片　　　　图 3-124　战国建鼓纹铜牌正面图像

小结：

在对各类楚木胎漆乐器复制过程的深入探讨中，我们仿佛穿越时空，步入了一个充满艺术气息与历史沉淀的殿堂。这些乐器，作为古代音乐文化的瑰宝，承载着古人的智慧与情感，而其复制的过程，则展现了现代手工艺人对传统的尊重与创新。

一系列楚木胎漆乐器的复制过程存在很多共性。无论是古琴的悠扬、瑟的悲壮，还是鼓声的庄重，不同乐器风格的诞生都离不开选材、制胎、髹漆以及雕刻或绘制等一系列复杂而精细的步骤。选材，是乐器制作的第一步，也是至关重要的一步。优质的木材，如梧桐、梓木等，因其良好的共鸣效果和稳定的物理特性，成了制作乐器的首选。制胎，则是将选好的木材按照设计图纸进行精细的切割、拼接和打磨，形成乐器的基本形态。这一过程要求手工艺人不仅要具备高超的木工技艺，更要对乐器的结构有深入的理解。只有这样，才能确保乐器在演奏时能够发出悦耳动听的声音。髹漆，是木胎漆乐器制作中不可或缺的一环。大漆，作为天然的涂料，不仅具有防腐、防潮、耐用的特性，更能赋予乐器独特的光泽和质感。手工艺人会经过多次涂刷、打磨和抛光，使乐器表面呈现出光滑如镜、色泽温润的效果。在这个过程中，他们还会根据乐器的特点和音乐表达的需求，选择不同颜色的大漆进行搭配，使乐器更加符合审美标准。

然而，真正让这些木胎漆乐器独具魅力的，还是它们各自的个性。由于发声原理的差异，不同乐器对音色和音调的要求各不相同。因此，木材的选择、形制的设计、发声部位的精细调校等方面，都展现了手工艺人的匠心独运。例如，古琴的音色要求浑厚而富有韵味，因此其面板多选用梧桐木制作，并经过特殊的槽腹处理以优化共鸣效果；而瑟则以其宽广的音域和丰富的表现力著称，其形制设计更为复杂多样，以适应不同的演奏需求。

此外，大漆的色彩选择、乐器表面的装饰纹样与图案也各具特色。手工艺人会根据乐器的特点和功能进行精心设计和制作。有的乐器表面绘有精美的图案和纹饰以彰显其华丽与尊贵；有的则采用简约的线条和色彩以突出其古朴与典雅。这些装饰元素不仅使乐器更加美观大方，更增添了其文化内涵和艺术价值。

在复制这些经典乐器的过程中，手工艺人不仅需要具备全面而专业的知识储备和炉火纯青的操作技艺，更需要有对传统文化的深刻理解和热爱。他们不仅要精确复制乐器的外观形态和制作工艺，还要深入挖掘其背后的文化内涵和音乐精神，只有这样，才能确保每一件复制出来的乐器都能够重现其原有的音乐性能和艺术魅力。

综上所述，楚木胎漆乐器的复制过程不仅是对传统工艺的传承与发扬，更是对手工艺人智慧和才华的考验与展现。每一件经典乐器的完美复原都凝聚着手工艺人坚持与不懈的努力。他们用双手和智慧将古代音乐文化的瑰宝重新呈现在世人面前，让人们得以聆听穿越时空的旋律，感受来自远古的震撼。

第四章

楚木胎漆乐器工艺的
保护与传承

随着现代文明的发展及社会生产力的提高，农耕时代的生产生活方式在时代的浪潮中被逐渐淘汰。延续千年的传统手工艺文化正在逐渐消逝，出现保护乏力、传承艰难等问题。许多传统手工艺开始走向衰弱，更甚者因后继无人而失传，被具有批量化、快捷化、市场化的规模生产优势的工业产品所取代。在某种意义上，新的文明发展在客观上对传统文化造成了冲击与破坏。

然而，传统文明与现代文明并非水火不容。前者是后者的基础，后者是前者的衍化。保护和传承非物质文化遗产便是在积极地保有和吸收传统文明的有益部分，让传统文化为现代文明注入深厚的底蕴和新的内涵。

继承传统工艺文化精华应双管齐下，一是家族式传承，二是学院式传承，这两种传承方式各有千秋。本书以战国楚墓出土漆木乐器制备工艺为出发点，依托湖北省博物馆的丰富史料资源，一方面旨在探索和研究其制作工艺，恢复千年绝响，另一方面也意在探索传统楚式髹漆技艺的传承方式。本章将阐述传统漆木乐器保护与传承的目的、意义、措施，并结合两类传承方式展开论述。

一、保护楚木胎漆乐器工艺的意义与措施

1. 保护和传承的意义

美国民俗学者 P. 菲里普斯与 G. 韦雷指出,传承"乃是一种主体的、大规模的时空文化的连续体,它限于指一种技术或整个文化中的持久形貌,占有一段相当长的时间,以及一种在量上面不等,但在环境上却有其意义的空间"[1]。通过社会性行为,物质形态与实践成果超越了时间的限制,转变成为包罗万象的生命延续体,从而推动了人类社会和文化的循环发展,这就是一种保护与传承的行为。

以楚文化范畴下的漆木乐器为例,漆乐器是荆楚文明的重要组成部分。传统漆乐器既是地域民俗文化、礼乐伦理制度的外在表现,又是联系社会生活的纽带,兼具社会价值和实用价值。作为漆木乐器,其形与声的有机结合给人以赏心悦目的艺术享受,"乐器髹漆,门类众多,藏礼于器,乐心道志,相辅相承。乐者,心之动也;声者,乐之象也;器者,声之发也。文采灿烂,漆之饰也"[2]。传统手工漆器艺术以一种实体状态为人所用,满足对象精神上的需求,其文化特质潜移默化地影响着人们的生活方式、审美情趣和情感表达。例如作为君子象征的漆琴,在唐宋继续演化出例如仲尼式等诸多器型,至清朝仍保有部分源起时的工匠技艺与装饰偏好,这是传承的行为将时间与空间的束缚打破的例证。

保护与传承楚木胎漆乐器工艺的意义如下。

(1) 社会精神意义

传统手工艺是中华文化的重要组成部分,它代表国家和地区的特色,具有美学价值,能够引发人们强烈的身份认同,陶冶人的精神世界,给予人精神上的满足。

①提升文化软实力

在国际文化的语境下,保护我国的传统文化能够在维护世界文化多样性的同时,有效彰显我国的国家文化软实力。习近平总书记在中共中央政治局第十二次集体学习时提出,要提高国家文化软实力,要努力提高国际话

---

[1] 张紫晨:《中外民俗学词典》,浙江人民出版社,1991,第 224—225 页。
[2] 张飞龙:《乐心道志:先秦礼乐文化中的髹漆乐器》,《中国生漆》2015 年第 34 卷第 1 期,第 7 页。

语权，加强国际传播能力建设。非物质文化遗产和传统手工艺包含的精神文化底蕴是中华民族的文化名片和精神气脉。世界各国都十分重视传统文化的保护。比如，美国国家艺术基金会曾在 1982 年设立"国家遗产奖"，旨在奖励为传承民俗与传统艺术作出杰出贡献的人才；日本、韩国等对传统工艺的保护和传承有着清醒的认识并采取了积极的行动，诺贝尔文学奖得主川端康成在中篇小说《千只鹤》中详细描述了体现日式美学的茶道与髹漆茶具。在漆器艺术发展历史更为深远的中国，我们更应注重留存传统工艺的火种，发扬其精神内涵和传播特有的东方美学，彰显华夏人民友好、向上的精神品质，从而在世界文化潮流中站稳脚跟。

楚木胎漆乐器工艺以其精湛的制作技艺和独特的艺术风格，在国际文化交流中具有重要作用。通过展示和推广这一传统工艺，可以让世界各地的人们近距离感受到中华文化的博大精深和独特魅力。这种跨文化的交流与互动，有助于增进各国人民之间的相互了解和友谊，提升中国的国际形象和影响力，也能够激发更多人对中华传统文化的兴趣与热爱，为文化的传承与发展注入新的活力。

传承楚木胎漆乐器工艺并不意味着固步自封、停滞不前。相反，它需要在继承传统的基础上不断进行创新与发展。通过引入现代科技手段和设计理念，对传统工艺进行改良与提升，可以使其更加符合现代人的审美需求和生活方式。这种创新不仅有助于拓展楚木胎漆乐器的市场空间和应用领域，还能够推动相关产业的转型升级和高质量发展。因此，传承楚木胎漆乐器工艺对于促进文化产业的发展、提升经济效益具有重要意义。

②增强身份认同感

在浩瀚的历史长河中，中华民族的文化遗产如同一颗颗璀璨的明珠，镶嵌在世界的文化宝库中。其中，传统文化尤为耀眼，它不仅承载了中华民族数千年的智慧与情感，更在无形中塑造了我们独特的身份认同感。

传统文化，是中华民族在长期的历史发展过程中积淀下来的宝贵财富。它不仅包含文献典籍、诗词歌赋等精神层面的遗产，更包括那些看得见、摸得着的物质文化遗产，如古朴典雅的古建筑、巧夺天工的文物瑰宝，以及那些充满生活气息的传统手工艺。这些物质与非物质的文化遗产，共同编织了一幅幅绚丽多彩的中华文化画卷，让人叹为观止。

传统手工艺作为历史与文化的见证，在众多非物质文化遗产中，占据了举足轻重的地位。它们不仅代表中华民族精湛的技艺与卓越的美学追求，更是历史与文化的直接传承者。从细腻的刺绣到精美的瓷器，从古朴的木雕到繁复的剪纸，每一项传统手工艺都蕴含着深厚的文化底蕴和独特的艺术魅力。这些手工艺品不仅是人们日常生活的实用之物，更是情感交流的媒介和审美体验的载体。它们以独特的方式记录了中华民族的历史变迁和文化传承。

传统手工艺可以强化民族身份认同感。《保护非物质文化遗产公约》明确指出，非物质文化遗产是各社区与群体身份认同与归属感的重要来源。这一观点在传统手工艺领域得到了淋漓尽致的体现。通过学习和传承传统手工艺，人们不仅能够掌握一门技能，更能在这一过程中深刻感受到自己与民族文化的紧密联系。这种联系不仅仅是一种表面的认知，更是一种深层次的情感共鸣和价值认同。它让人们更加清晰地认识到自己的文化根源和民族身份，从而增强了对本民族文化的自信心和归属感。比如，楚木胎漆乐器工艺作为楚文化的重要组成部分，其独特的制作技艺和艺术风格展现了古代楚人的智慧与创造力。传承这一工艺，可以让更多人了解楚文化的内涵与外延，增强对中华优秀传统文化的认同感和自豪感。这种文化认同感的提升，有助于凝聚人心，形成强大的民族凝聚力和向心力，从而为国家的发展提供坚实的文化支撑。这种情感共鸣和价值认同正是传统手工艺在增强民族身份认同感方面所发挥的重要作用。

③完善审美价值体系

传统工艺体现了人们独特的艺术创造力、丰富的艺术情感和特有的艺术审美观。例如，楚木胎漆乐器中的古琴制作的整体工艺环节包括选材、制胎、合琴、晾琴、髹漆、装饰和上弦等多种工序，制作过程中对于材料、颜色、形制、装饰乃至音色的注重，代表着功能实用性与主观审美的完美结合。《考工记》提到"天有时，地有气，材有美，工有巧，合此四者，然后可以为良"[1]，此处的"良"基于时间与空间、材料等客观物质和技艺的互相作用。它是工艺制作的高超境界，体现了工匠们对圆满、纯粹的追求。工匠掌握有历代传承、改良的特殊语言，并将文化意义和情感融入其中，沉淀出具有中式传统审美风格的优良成果（图4-1、图4-2）。传承此类

图4-1 彩绘龙凤纹盖豆

---

[1] 孙诒让：《周礼正义·冬官考工记》，中华书局，2013，第3115页。

非物质文化遗产即是保留和继承旧时工匠的技术体系与审美观念，让这一生态系统生生不息。

传承楚木胎漆乐器工艺对于完善审美价值体系具有重要意义，这主要体现在以下几个方面。

①丰富审美内涵

楚木胎漆乐器工艺作为楚文化的重要组成部分，其独特的造型、精湛的制作技艺和丰富的装饰纹样，展现了古代楚人对美的独特追求和理解。这些元素不仅体现了楚文化的深厚底蕴，也为现代审美提供了丰富的素材和灵感。通过传承这一工艺，我们可以更深入地了解楚文化的审美特点，从而丰富和拓展现代审美内涵。

图 4-2　漆木卧鹿

②提升审美鉴赏能力

楚木胎漆乐器工艺的制作过程复杂精细，需要工匠们具备高超的技艺和深厚的艺术修养。在传承这一工艺的过程中，学习者不仅要掌握制作技巧，还要学会欣赏和鉴别漆器的美。这种实践与学习相结合的方式，有助于提升人们的审美鉴赏能力，使人们能够更加敏锐地感知和体验美的存在。

③推动审美创新

传承不是简单的复制和模仿，而是在继承传统的基础上进行创新和发展。楚木胎漆乐器工艺在传承过程中，需要不断融入新的设计理念和制作技术，以适应现代社会的审美需求。这种创新不仅有助于保持漆器艺术的生机与活力，还能够推动审美领域的不断创新和发展，为完善审美价值体系注入新的活力。

④弘扬优秀传统文化

楚木胎漆乐器工艺是中国传统文化的重要组成部分，具有深厚的历史文化底蕴和独特的艺术魅力。通过传承这一工艺，我们可以更好地弘扬和传承优秀传统文化，让更多的人了解和认同中华文化的独特价值。这种文化的传承和弘扬，有助于增强民族自信心和凝聚力，为完善审美价值体系提供坚实的文化支撑。

（2）物质实践意义

①促进文化创意产品的开发

中华优秀传统文化是中华民族的精神命脉，蕴含着丰富的哲学思想、人文精神、价值理念和道德规范。习近平总书记多次强调，只有全面深入了解中华文明的历史，才能更有效地推动中华优秀传统文化创造性转化、创新性发展，进而推进中国特色社会主义文化建设，建设中华民族现代文明。这一论述深刻阐明了推动中华优秀传统文化创造性转化、创新性发展的重要意义。

创造性转化是指在保持中华优秀传统文化精髓的基础上，结合新的时代要求和实践需求，对其进行改造和提升，使其更好地服务于现代社会的发展。这种转化不是简单的复制和模仿，而是对传统文化中的优秀元素进行提炼和升华，赋予其新的时代内涵和表现形式。

创新性发展则是在创造性转化的基础上，进一步推动传统文化的与时俱进和开拓进取。它要求我们在继承传统的基础上，勇于创新，积极探索新的文化形态和文化表达方式，使中华优秀传统文化在现代社会中焕发出新的生机与活力。

在当下的信息社会中，知识产权和文化创意产品引起的关注和讨论越来越多。这两者的共同之处在于，都致力于挖掘和延展商品所蕴含的无形文化财富，使商品不仅具有实用功能，还叠加了丰富的文化内涵和符号意义。对于具有强烈文化属性的商品而言，它们不仅具有使用价值，更能满足消费者的精神需求和情感需求。这种文化属性赋予这些商品更深层的价值，使其成为人们表达认同、传承文化的重要载体。总的来说，对知识产权和文化创意产品的关注，体现了现代社会对文化价值的重视程度的提高。

文化资源的开发是第三产业蓬勃发展时代的"淘金热",而非物质文化遗产则是中华民族共同享有的文化记忆、文化体验与文化财富。以故宫为首的博物馆围绕出土文物进行传统文化的继承和一定程度上的现代创新,推出多种富有奇思、兼有审美的优质商品;一些游戏制作商根据山水丹青、榫卯拼接、纸扇制作等传统技艺创造出具有教育意义的移动设备端游戏如《榫卯》《折扇》等,受到群众的广泛赞赏。

楚木胎漆乐器在制作过程中,注重将传统文化元素与现代设计理念相融合。工匠们在保持漆器传统造型和装饰纹样的基础上,融入现代审美元素,使漆器呈现出既传统又时尚的特点。同时,他们还通过创新设计,将漆器与其他艺术形式如音乐、舞蹈、戏剧等相结合,创造出更多具有文化内涵和艺术价值的作品。

随着科技的发展,新时代的楚木胎漆乐器制作也迎来了新的机遇。现代科技手段如人工智能、数字化技术等被广泛应用于漆器的制作过程中,大大提高了生产效率和产品质量。例如,通过数字化技术对漆器的设计和制作进行精准控制,可以使漆器的造型更加完美,装饰更加精细。同时,科技手段还可以帮助工匠们更好地保护和传承传统技艺,为漆器的长远发展奠定坚实基础。

在推动中华优秀传统文化创造性转化、创新性发展的过程中,楚木胎漆乐器也应积极拓展市场和产业,注重与相关产业的融合发展,如与旅游业、文化产业等相结合,形成产业链效应,推动漆器产业的持续发展。漆器也可追随当下的浪潮,参考现代的审美制作文创产品,推出具有一定教育意义的文化产品。可以结合当代文化潮流,制作具备古风古韵又不失现代气息的漆乐器,乐器的制作流程可以结合游戏的形式,通过与玩家的互动,引领年轻人重新关注传统漆乐器文化。这种寓教于乐的尝试兼具经济价值与社会价值,在创造就业与财富的同时,也满足了特定人群的精神需求。

②促进就业与手工业发展

手工农业生产的特点之一,在于因地制宜,可在当地进行,甚至个人在家就业都可以找到相应工作,可把大量劳动力保留在当地,人们不再需要为谋求生存和发家致富而选择背井离乡,从而避免农业人口大幅度流动,利于社会稳定。当地农民可以从中找回应有的自信心，不仅可以获取一定的经济利益，而且可以在家中赡养老人、教育孩子。此外，这也有助于有效缓解一线城市的社会就业、住房、交通、治安等各个方面的压力。

传统手工业属于劳动密集型产业，对劳动者有较大的宽容性，没有年龄、性别限制，残疾人士也可以经过培训参加就业。在木胎漆乐器的制作方面增加投入不仅可以带来经济上的利益，还能够促进就业。国家统计局于20世纪80年代统计，每百万元固定资产，重工业安排94人，轻工业安排250人，手工业可以安排800人。可见手工业投资成本低，就业容量非常大，有些甚至可提供终生就业，可缓解我国人多地少就业压力大的现实情况。

③繁荣文化旅游市场

传统工艺体现该地区人民特有的文化传统，可以作为一种特殊的旅游资源进行开发。它常常是区域文化的特殊性、审美性、趣味性和实用性的综合体现，能够激起旅游消费者的好奇心和探索欲，以及与本地人的文化共鸣，从而满足消费者的娱乐需求、审美需求和一定程度上的社交需求。

如今，地方政府日益重视重视文化和旅游发展过程中非物质文化遗产起到的特殊作用。2020年，湖北省文化和旅游厅、湖北省非物质文化遗产保护中心合作举行"与爱同行·惠游湖北"的"非遗""六进"活动，展出孝感剪纸、通山木雕、枣阳粗布、潜江竹器等多种非物质文化遗产代表性项目，宣传和推广湖北省非物质文化遗产的经济价值与文化价值。其中，湖北武汉和随州可以作为楚漆工艺文化旅游城市，围绕湖北省博物馆和随州曾侯乙墓进行建设，充分发挥其地域文化优势开展文化旅游，结合当下流行的"打卡"形式进行开发，吸引年轻人关注楚漆文化。

在此过程中，湖北本地传统技艺可以通过实际体验的方式吸引本地和外地游客，从而增强旅游活动的娱乐性和文化性。如今，人们的旅游活动已经不满足于单纯的观光游览，而是转向更高层次的精神体验。包括传统工艺在内的非物质文化遗产，经过开发后可成为独特的旅游资源，满足游客在旅行过程中对中华悠久文化遗产的探索欲望。同时，这也能够增强当地旅游业的经济实力、文化内涵和消费黏性，提高文化与旅游产业的经济效益和文化输出能力，从而形成双赢的良好局面。

总之，积极守护与传承地方性的传统民间手工技艺，并推动其演进成为具有独特魅力的手工艺文化产业，对于维护民族和谐和社会稳定、深化文旅融合发展等方面，均具有积极意义。

2. 楚漆乐器保护和传承现状

楚漆乐器展现了地域特色和历史积淀。然而，当前该传统手工艺正面临着工艺流失、传承者缺乏、濒临失传的困境。主要问题有三：一是传统漆器制作工艺复杂，周期长，从备料到成品需数周至数年，无法适应现代化生产；二是产品难以满足日常所用，市场需求有限，难以创造良好的经济价值；三是青少年消费群体对相关产品缺乏兴趣，这在客观上限制了楚式髹漆技艺的传承。

漆器制作工艺的发展是一个系统的社会生态工程，一旦工艺丧失在日常生活中的载体，则会成为一种形式上的文化遗存。在我国社会转型升级的过程中，传统农村手工艺的生存状态发生变化，传统城乡、村落文化没落，地域传统文化中的个性特征逐渐消失，比较突出的社会问题是大量农村青壮年正涌向现代城市，农村手工艺的生存空间越来越狭窄。

我国传统的民间漆器工艺等富有生活气息的传统文化，正面临难以发展壮大的困境。随着从事传统手艺的工匠逐渐老去，后继乏人，民居建筑营造、生产工具设计制作、生活用品加工等领域的传统手艺正逐步面临保护乏力、失传的严峻挑战。我国传统民间漆器工艺曾经鼎盛一时，如今却日渐式微。与此同时，大规模的现代工业化进程势头迅猛，许多富有艺术感的传统手工漆器产品正逐步被现代工业机器大规模生产所取代。这使得代表传统物质文化的传统工艺和形式，在一定程度上逐渐失去了其文化载体。此外，一些传统民间文化，包括礼仪、习俗等，也在不同程度地弱化。传统工艺美术以及一些传统民间艺术表达方式、历史意义及其传播方式，都受到较大程度的影响。

包括楚式漆器在内的非物质文化遗产承载着中国人的集体记忆。它们与地域文化、民族传统紧密相连，折射出中国人的生活方式和价值观念。保护非物质文化遗产，有助于传承中国历史文脉。从更大的视野看，非物质文化遗产体现了人类文化多样性。中国拥有世界上最丰富多样的非物质文化遗产，是人类智慧的结晶。保护这些遗产，有利于维护人类文化遗产的多样性，促进文明交流互鉴。

楚漆木类古乐器制备技艺在各种非遗传承项目中受关注较少。京剧、汉服、剪纸、茶艺等，得到了许多学术机构和人民群众的关注，相比之下，对漆木类古乐器制备技艺的研究并不多。漆乐器承载着中华民族古老的音乐传统，是中华文明发展史不可或缺的一部分。其独特的漆艺作为古代工艺的杰出代表，蕴藏着精妙的科学原理和艺术美学。可以说，研究古代漆乐器，意义重大，不仅能让人们了解古代音乐的演奏技巧和审美理念，更能挖掘漆艺的奥妙，为当代漆艺发展提供宝贵的经验和灵感。同时，通过对古代乐器的研究，人们能够更好地理解中国传统音乐的传承与发展脉络，为当代音乐创作提供新的思路和方向。

3. 楚漆乐器保护和传承措施

楚木胎漆乐器工艺涉及多个领域，研究过程集多学科于一体，综合了选材、结构、雕刻、髹漆、彩绘、戗金、材料制备等工艺美术专业技术，以及乐器发声、音质调教等音乐专业知识。对其进行保护和传承需要多学科的专业素养，以及一丝不苟的学习和研究精神。

作为集制漆工艺、美术、音乐和楚文化于一体的珍贵文物，楚木胎漆乐器具有极高美学价值。此类工艺的复制对于研究传承楚漆技艺、了解战国历史文明、剖析我国古代楚地造物观有很好的学术意义。将漆木乐器的复制品进行公开展示，让古乐器发声，使文物不再远离观众，成为可赏可用的艺术品，可以让更多的人了解这一项传统工艺，感受楚文化的博大精深和多彩魅力。

基于此，应从以下五个方面进行楚漆技艺的保护与传承。

（1）积极出台相关法律政策

政府可制定保护楚漆技艺相关文化的规划，以法律手段为传统工艺提供坚实的后盾。如今中国的非物质文化遗产保护工作已全面开展，越来越多的专家、学者加入这个队伍中来。自 2003 年联合国教科文组织颁布《保护非物质文化遗产公约》以来，我国对"非遗"的重视程度和保护力度不断加大。2011年，我国出台了《中华人民共和国非物质文化遗产法》，将"非遗"保护工作推向一个新的高度。在保护工作的实践中，各界深刻认识到"非遗"的保护与传承不能脱离广大青少年群体。因此，《中华人民共和国非物质文化遗产法》第34条明确规定："学校应该按照国务院教育主管部门的规定，开展相关的非物质文化遗产教育。"

湖北省已出台保护非物质文化遗产的相关政策。2012年9月29日，《湖北省非物质文化遗产条例》于湖北省第十一届人民代表大会常务委员会第三十二次会议通过。2020年6月，《湖北省非物质文化遗产传承发展工程实施方案》提出。该方案具有很强的针对性、指导性和可操作性，旨在推动优秀传统文化不断创新，对推进文化和旅游行业的深度融合起到了促进作用。除此之外，还应推出更加多元化的相关政策，以促进文化与科技的融合，加快数字内容产业发展，推动文化产品和服务的生产、传播和消费的数字化、网络化进程等。

（2）保护与传承民间艺术

保护非物质文化遗产，核心在于维护特定文化空间的完整性和延续性。其保护策略应以特定文化区域为对象，选取代表性的文化现象作为载体，确保非物质文化遗产的动态传承机制得以有效运转。现今，传统漆器手工艺在民间以自发的方式存在于日常生活，其所蕴含的丰富文化内涵，在潜移默化中影响着现代人的思维模式、审美情趣以及情感表达。我们必须充分认识到，我国传统民俗生活中的民间集会，以及与岁时节日相契合的民间传统活动，作为传统漆器文化的民间土壤，具有不可替代的重要作用和意义。因此，我们应进一步深入研究，旨在还原和保护楚漆地域民间集会与传统节日活动里丰富的乡间民俗、民艺文化内容。

此外，我们还应着重保护并传承我国传统漆器文化的传统社会经济聚落载体。我国传统漆器文化与我国传统民间村落、居民、生活之间关系紧密。推动传统民间村落的恢复与保护，促进各地开展传统民居营建、漆器文化活动等，有助于保护传统民间文艺的丰富多样性，确保我国传统文化的传承与发展。

（3）促进楚漆产品市场化

对于市场，相关部门应出台相应的优惠鼓励政策。因为漆器工艺制作繁琐且周期较长，资金方面容易出现迟滞与匮乏的状况，相关部门的补助与优惠可以减轻其负担。中央和地方政府可通过非物质文化遗产领域的政策引导和主流媒体宣传，壮大市场主体，加大创业扶持力度，引导人才、资金向文化创意和设计服务领域流动；鼓励多种所有制企业融合发展，引导民间资本投资文化创意和设计服务领域，充分发挥市场机制在促进文化创意和设计服务产业发展中的主导作用；通过讲座等各类社会活动积极培育市场需求，加强全民文化艺术教育，提高人文素养，引导消费观念的进步和转变，促进文化创意产品和服务的消费；加大金融支持文化消费的力度，提升文化消费便利水平，探索开展文化消费信贷，鼓励有条件的地区补贴居民文化消费；创新公共文化服务的提供方式，加大政府对创意设计产品和服务的采购力度，积极举办和利用各类文化产业、设计、广告等展会；鼓励企业开展设计服务外包，扩大设计服务市场；线下通过推动商贸流通业改造升级，运用创意和设计，培育专业市场和特色商业街等发展实体经济，线上则鼓励电子商务平台针对创意和设计提供专项服务，帮助中小微企业和创业人才拓展市场，引导批发、零售、住宿、餐饮等生活服务企业在店面装饰、产品陈列、商品包装和市场营销上突出创意和设计。

日常生活当中，消费者可以有意识地购买漆器工艺制品。漆器同现代人生活方式结合紧密相关家具、日用品等产品涵盖面广，囊括现代生活中常见的类型。在各个旅游景点，以漆器为蓝本体现漆艺文化符号和审美特点的文创类产品，可以带动当地旅游经济的发展，对漆器工艺的保护与传承也起到重要作用。湖北省博物馆文创产品"凤飞套装"就是以楚漆器虎座鸟架鼓为原型制作的。

（4）推动楚漆技艺教学学院化、基地化

相关领域的学者与学校也应结合现有高校教学资源，加强学生队伍的建设，尽快发掘与培养掌握漆器工艺的新生代力量。政府部门应加大投资力度和人才培养力度，建设楚漆传统工艺培训基地，充分利用其场地优势和规模效应，开展传统手工艺相关的活动，让年轻学生了解传统手工艺的历史、

文化内涵及技术工艺。与此同时，该领域的教育方法也不应墨守成规，而应与时俱进。除了传统的师徒模式外，还应积极采用多媒体技术和学科互动的方式。传统工艺已有千年历史，正面临蜕变与再生的考验，它与现代技术的结合程度以及和当下情境的关联程度，成为其能否焕发新生的关键。

（5）楚漆工艺与文旅产业相结合

手工艺产品通常具备较高的艺术审美价值和体验特性，体现地域文化的特点，而文化是旅游的灵魂所在。传统手工艺生产和旅游产品、市场相结合，利用旅游资源带动其发展，有助于挖掘历史积淀和文化底蕴。

作为中国传统文化的重要载体，楚漆器深厚的艺术底蕴和精湛的工艺技术，能够为文旅产业注入活力。将楚漆技艺与文旅产业相结合，不仅可以提升旅游体验，还能促进传统文化的传承与创新。具体方法而言，首先可以在旅游景点中设立楚漆技艺展示区，展示楚漆制品的制作过程、历史背景以及艺术特色，让游客在欣赏美景的同时，深入了解楚漆技艺的魅力。同时，可以邀请楚漆艺人现场表演制作技艺，让游客近距离感受楚漆艺术的魅力。其次，可以开发以楚漆为主题的文创产品，如楚漆风格的纪念品、装饰品等。这些产品不仅具有实用性，还能作为旅游纪念品，让游客在离开景区后依然能回味楚漆文化的韵味。此外，还可以结合当地的文化节庆活动，举办楚漆技艺文化节，通过展览、演出、互动体验等形式，吸引更多游客参与，增强文旅产业的吸引力和影响力。总之，将楚漆技艺与文旅产业相结合，不仅可以让游客在旅行中感受到传统文化的魅力，还能让文旅产业跳出原有的发展模式，实现文化与旅游的共赢。

二、楚木胎漆乐器工艺的传承方式

1. 家族式传承

（1）家族式传承的优势

为了维护家族利益，确保技艺的独特性、专属性和传承性，历史上的众多手工艺家族在技艺传承方面制定了严格的规范。这些规范明确限定了传承人的选择范围，仅限于家族内部拥有血缘关系的成员，并依据血缘关系的亲疏程度进行进一步的筛选。具体来说，一些家族内部特有的规定包括"传内不传外"，即技艺只传承给家族内部成员，不外传；"传男不传女"，即技艺优先传承给男性后代，而非女性；"传长不传次"，即技艺优先传承给家族中的长子或长女，而非其他子女。这些规定旨在确保家族技艺的纯正性和延续性，同时也体现了家族对技艺传承的严谨态度。

这种以血缘关系为依托的传承模式，在一定程度上保全了技艺得以延续和发展的两大核心要素：有序的连续性和范围的专属性。有序性确保手工技艺能够在时间长河中稳步积累，形成深厚的底蕴；而范围的专属性则有利于技艺在传承过程中保持其独特的风格和完整性。这种技艺的持久积累与手工艺的发展需求相契合，使得这些手工艺家族的独特技艺得以世代相传，成为中华文化的璀璨瑰宝。

相比学院式的传承方式，家族式的"小班教学"以血缘关系为基础，稳定的承接体系与传承脉络，便于较早选定传承人并对其进行有意识的培养。传承人在少年时期就能在浓厚的氛围中耳濡目染，受祖辈、父辈潜移默化的影响并接受系统性的训练，为其有效承接家传技艺打下稳定的基础。通常情况下，传承人拥有更多的学习时间以及更便利的学习条件，家族长辈长时间的谆谆教导可以使他们更快地掌握相关知识与技艺。

为了实现家族利益最大化的目标，技艺持有者会倾尽所能，以身作则地将自己毕生的学识和经验毫无保留地传授给下一代。同样，传承人也怀揣着明确的人生目标，专心致志地学习和继承来自家族长辈的精湛技艺。这种直接、高效且顺畅的经验传承方式，极大地缩短了传承人掌握既有技艺所需的时间，也为他们在原有技艺基础上进行拓展与创新奠定了坚实的基础。

在市场上，某些家族或个人拥有的独特技艺，因其私有性和秘密性，使得创作出的手工艺品特色鲜明，常常在同类产品中脱颖而出，占据市场优势，从而带来可观的利润。然而，一旦这些核心技艺被泄露并广泛传播，成为行业内的共享技术资源，竞争对手就会在利益的驱动下迅速模仿跟风，导致市场上充斥着大量仿制品。从整个市场及行业的角度来看，这种技术共享虽然看似促进了产品的普及，但实则导致了产品形式的单一化，限制了手工艺的多元化发展。更为严重的是，仿制品的泛滥往往伴随着质量的参差不齐，甚至可能出现偷工减料等恶性竞争行为。一旦这种风气形成，将对整个行业的发展构成严重威胁。

对核心技术加以限制，在一定程度上可以保存技艺的完整性。任何环节的损失都有可能导致技艺失真。家族式传承应尽可能地缩小传承范围，一方面可以保证家族在手工艺界的地位，另一方面也保护了传统手艺的真实完整的传承。

（2）家族式传承的不足之处

基于血缘关系的传承机制为家族手工艺的传承范围设定了极其严格的界限。核心技艺的传授仅限于直系或紧密血缘关系的家族成员内部，有时更是将最核心的技艺秘而不宣，仅授予家族中唯一的继承人。这种传承方式所蕴含的强烈排外性、保守主义和狭隘视野，已然成为制约相关手工艺持续发展的主要障碍。

以因制作工艺精湛的玻璃葡萄（图4-3）而名扬四海的手工艺家族"葡萄常"为例，便可看出这种传承模式的弊端。家族的第三代传承人常玉龄在回忆录里记述道，她的母亲虽心灵手巧，精通针线活，也是家中衣食起居的得力助手，却唯独在玻璃葡萄的技艺传承中被刻意排除在外。她在常家辛勤奉献了数十年，却始终未能触及玻璃葡萄制作工艺的奥秘。这是缘于姑姑们对她的防范之心，唯恐她一旦掌握技艺便会外传，从而威胁到常家赖以生存的技艺传承与商业利益。[1]

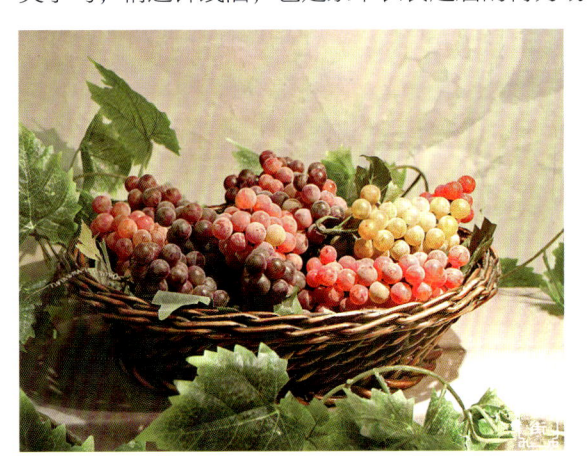

图4-3 "葡萄常"制作的非遗玻璃葡萄

在参观手工作坊时，宾客往往只能窥见其中的某一道工序或已经完成的精美产品，而无法洞悉整个繁复的制作过程与独特方法。在传统社会中，

---

[1] 陈亚凡：《从血缘关系代际传承方式看传统手工艺的发展要点》，《美术观察》2016年第4期，第24、25页。

由于缺乏保护手工艺人知识产权的法律条文，手工艺家族在激烈竞争的市场环境中，不得不依靠严密的防范措施来捍卫家族的"传家之宝"。因此，核心技艺的传承往往被限制在极少数家族成员之间，正如古语所言，"鸳鸯绣出从君看，不把金针度与人"，这生动地描绘了手工艺行业的传承常态。然而，这种过于依赖血缘关系的传承方式，范围狭窄，可能导致某些珍贵的家传绝技面临失传。

对于手工艺的整体发展来说，家族式的传承方法不利于手工艺的普遍化发展。由于家族式封闭的传承方式，核心技艺只可能在极小范围传播；为保持技艺的独有性、特殊性，往往与外人交流较少。特色的技艺无法流通至市场，求学之人即使愿意学习也无处请教，后续传承只能靠言传身教。若是家族后继无人，传统手艺就存在失传的可能性。

（3）家族式传承的代表性人物

邹传志，1970年出生于湖北省荆州市，西门中学毕业，现为国家非物质文化遗产楚式漆器技艺的传承人。

邹传志13岁从艺，并几十年如一日地深耕于此。他开发出的文房用品、九头鸟灯具等作品，曾在2010年于浙江举办的全国第三届旅游博览会获得银奖，同年在省内获得金奖。他制作的九头鸟笔挂、龙凤莲花灯、蝉形砚及楚式桌椅等作品享誉中外。

据邹传志本人介绍，他一年要推出一百多件产品。无论是灯具、笔筒、果盘，还是酒器具，每一件楚漆作品均经历下料、打磨、雕刻、做漆、绘画等二十多道工序，周期至少一个半月，其中难度最大的是雕刻和绘画。（图4-4～图4-10）

图4-4 鸳鸯盒
材质：大漆、樟木
尺寸：10厘米×5厘米×5厘米
创作年份：2010年
作品阐述：该鸳鸯盒由盖和底组成，形成一只形态可爱的小鸳鸯形状。此盒遵照传统的楚式漆器髹饰技艺制作而成，象征着富贵吉祥。

图 4-5　貔貅盒
材质：大漆、樟木
尺寸：10 厘米×5.5 厘米×5.5 厘米
创作年份：2010 年
作品阐述：这款貔貅盒，灵感源自古老传说瑞兽貔貅喜好吞食金玉且只进不出的特性，被视为聚财的象征。此盒由盖和底组成，外髹黑色国漆，内髹朱红，然后饰以彩绘。

图 4-6　蛇卮
材质：香樟、大漆、瓦灰
尺寸：10.5 厘米×10.5 厘米×17.5 厘米
创作年份：2011 年
作品阐述：仿自西周楚人的饮食器。器表采用浅雕手法，雕出相互盘绕的二十条蛇。盖上是四红四黄八条小蛇；卮身十二条，其中两条长红蛇和两条长黄蛇对称分布，其余八条粗短黄蛇盘踞其间。它们一起构成栩栩如生的群蛇盘踞场景。

图 4-7　柿子盒
材质：大漆、樟木
尺寸：8 厘米×4 厘米×4 厘米
创作年份：2012 年
作品阐述：该柿子盒由盖和底组成，扣合之后形成一只小小的柿子形状。此盒遵传统的楚式漆器髹饰技艺制作而成，象征事事如意、富贵吉祥。

图 4-8　苹果盒

材质：大漆、樟木

尺寸：9 厘米 ×7 厘米 ×7 厘米

创作年份：2012 年

作品阐述：该苹果盒由盖和底组成，扣合之后形成一只硕大的苹果。此盒遵照传统的楚式漆器髹饰技艺制作而成，象征红红火火、平平安安。

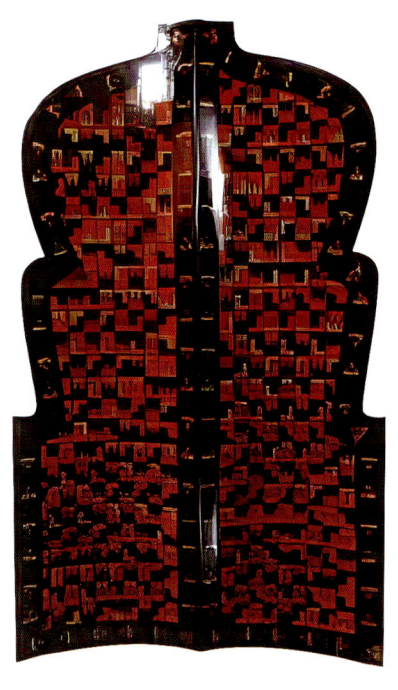

图 4-9　漆盾

材质：核桃木、大漆

尺寸：86 厘米 ×54 厘米 ×14 厘米

创作年份：2013 年

作品阐述：盾为作战时的防御武器。全器由两块整核桃木雕制而成。该器严格按照传统的楚式漆器髹饰技艺，采用大漆、夏布、瓦灰、核桃木等制作，通髹黑漆，然后饰以彩绘。

图 4-10　猪形盒

材质：核桃木、大漆

尺寸：64 厘米 ×24 厘米 ×18 厘米

创作年份：2013 年

作品阐述：全器由盖和底组成，上下扣合形成一只形态肥硕、憨态可掬的双头猪形盒。该器严格按照传统的楚式漆器髹饰技艺，采用大漆、夏布、瓦灰、核桃木等制作，外髹黑漆、内饰朱红，然后饰以彩绘。

2. 学院式传承

（1）学院式传承的优势

近年来，国家对于非物质文化遗产融入高校教育的相关工作逐步走上正轨。教育部指导各地积极开展"非物质文化遗产进校园进课堂"活动。学校逐渐将"非遗"与专业课程相结合，开展各类"非遗"讲座。将"非遗"传承人请进校园，让其以校外导师的身份为学生授课的现象越来越常见。这些举措足以表明政府和学校对"非遗"进校园的重视。通过学院式传承，"非遗"技艺得以通过学校课程的方式进一步传承和弘扬。

2017 年，教育部颁布了《学校体育美育兼职教师管理办法》，积极支持和鼓励各地各校聘请"非遗"传承人担任学校的兼职美育教师，从而确保"非遗"传承人能够顺利融入美育兼职教师的队伍中。2020 年，中共中央、国务院发布了《关于全面加强新时代大中小学劳动教育的意见》，该意见明确提出，要采取多种措施，构建专兼职相结合的劳动教育师资队伍，以确保中小学劳动课教师队伍的建设得到有力保障。这些文件的发布和实施，为中小学在美育和劳动教育领域的教师队伍建设提供重要的指导和支持。

高等教育方面，高校可以自主开设与"非遗"相关的本科专业，打造相关的教学体系，提高相关人才的培养能力。与大多数家族式传承人相比，高校学生受教育水平较高，领悟能力较强，所以"非遗进校园"在高校中实施范围最广、程度最深、成果最大，在社会上具有一定影响力。"非遗"在高校中的建设体现在多个方面，"非遗"普及是学生美育建设的重要构成部分。

湖北各高校已经引入多种"非遗"项目，并在校内开展"非遗"大师讲座、"非遗"公开课、"非遗"体验班、"非遗"传承人群研修培训计划等多种形式的课程及活动。通过参与，学生们切实感受到传统文化的魅力，对工匠精神有了更深的体会。在做中学、在学中做的教学和互动模式，促使学生们自发地去接触"非遗"、了解"非遗"。多所高校已成立"非遗"中心，例如湖北美术学院建立了手工艺文化研究中心，这为"非遗"相关资料的整理与研究创造了便利条件。再如由荆州市文化局非物质文化遗产保护中心批准成立的荆州市非物质文化遗产手工技艺和民间美术技能传承基地，以国家级中职改革发展示范学校——荆州创业学校为教育平台，努力探索荆州"非遗"技艺传承与现代职业教育的结合之路。荆州市"非遗"基地首批特聘楚式漆器髹饰技艺传承人邹德香、铅锡刻镂技艺传承人敖朝宗、磨鹰风筝传承人孙宏成、汉绣传承人张先松、楚绣传承人李友珍、匏器制作传承人张远龙、金丝楠木雕传承人李永安与龚家才等技艺大师为基地教师，在荆州创业学校开展相关技能展示、教学和生产活动，以传承、弘扬荆楚非物质文化遗产和民间美术技艺。

现代学校教育不应摒弃传统手艺，也不应排斥民间艺人。近年来，湖北美术学院充分运用平台优势，对非物质文化遗产展开教学与研究，并取得了良好效果，具体如下。

其一，开展各种课程和教育培训活动。湖北美术学院开设"非遗"相关的普及性选修课程，如面向全校师生开设"非遗"保护与传承、湖北省代表性"非遗"赏析等课程，邀请诸如黄秋萍（汉绣）、刘比建（楚漆）、袁嘉骐（玉雕）等工艺美术大师来校开展讲座与授课。这些传承人介绍了相关"非遗"文化的现状及传承状况，并参与实际的课堂教学，面向学生们开展"非遗"体验活动。相关课程与活动在学校已经开展多年，通过经验积累和摸索创新，学院逐渐打造出较为系统的"非遗"教学方案。

教育部协同人力资源和社会保障部、文化和旅游部共同实施中国非物质文化遗产传承人群研修培训计划，委托专业院校开展针对性教育培训活动。2015年7月13日，中国非物质文化遗产传承人群研修培训计划试点班在湖北美术学院昙华林艺术区正式启动。湖北美术学院非物质文化遗产研究开拓者、民间艺术大师张朗教授出席开幕式。此次活动针对湖北省非物质文化遗产的瑰宝——汉绣、挑花、绣活等传统手工艺，旨在培养"非遗"传承人的文化及艺术修养，帮助他们发现生活之美和传统手工艺之美。60余名汉绣、黄梅挑花、红安绣活等"非遗"传承人齐聚湖北美术学院，开展学习与交流活动。

"非遗"培训试点班开设"非遗造物""民俗与手工艺""楚工艺纹饰""非遗与旅游"等十多项课程。"非遗"培训试点班以早上集中授课、下午集体讨论和实践参观为主要形式，由湖北省非物质文化遗产研究中心主任、湖北美术学院张昕教授讲授湖北省手工艺艺术的历史与发展，由设计系王灵毅教授讲解民俗与手工艺的相关理论课程，由服装设计系毛春义教授讲解我国传统服饰文化图案的分类以及与当时历史文化背景间的关系。各地学员也纷纷展示自己的作品，并与大家相互讨论学习。课程安排有艺术观赏和自主复习的环节，还设有考察活动，任课老师会带领学员前往博物馆进行参观考察。

在课堂上，授课老师与学员们分享搜集多年的关于湖北各地民俗的珍贵资料，不仅让学员深刻感受湖北省民间工艺的博大精深和绚烂多彩，也极大地丰富了他们的知识储备。为了进一步巩固和深化理论学习成果，"非遗"培训试点班还特别安排实践参观和集体讨论的环节，使学员能够在实践中更直观地理解和体验湖北民俗文化的魅力，同时也为他们提供了一个深入交流和探讨的平台。

其二，由学校牵头，利用资源平台开展非物质文化遗产的教学与研究。2013年10月，湖北省非物质文化遗产研究中心在湖北美术学院正式成立。十多年来，中心在科研业务范围内积极开展各项工作，并取得显著成绩。2018年，湖北美术学院手工艺文化研究中心也正式成立。

湖北省非物质文化遗产研究中心是湖北省教育厅人文社会科学重点研究基地。近年来，湖北省"非遗"研究中心深刻领会习近平总书记关于推进传统工艺振兴的一系列重要论述的中心思想，在非物质文化遗产研究保护领域积极践行新时期高等教育的人才培养、科学研究、文化传承、服务社会和文化传播交流五大职能。随着实践的深入，"非遗"保护工作取得瞩目成就，开始迈上新的台阶。

（2）学院式传承的不足之处

在我国的现代设计教育体系中，学生须通过标准化的选拔考试，方能进入学校接受专业课程的培训。在学习过程中，授课教师由学校选拔并安排授课，课程设置和课时也经过标准化的安排。在这一模式下，教师无法自主选择学生，而是依照既定计划教学；同样，学生也无法完全根据兴趣和专长选择教师或课程。这种教学方式在一定程度上呈现出模式化和程序化的特点。

手工艺口传心授的传统方式往往具有温情的人文气息。教学中手把手地传授技艺的过程，饱含师徒之间的情谊，正所谓"师徒如父子""一日为师，终身为父"。

相较于家族式的传承，学院式的教学传承虽然提供了统一的课程、教师和授课时间，但学生所习得的知识和技能往往趋同。一旦技艺转化为行业共享的普遍技术资源，同质化现象便会随之加剧，导致市场上涌现大量相似甚至相同的产品。受利益驱使，行业内的竞争者往往会陷入盲目模仿的困境。从整个行业视角来看，这种单一化的技艺产出会限制手工艺品的多样性，这与手工艺行业追求多元、差异化的本质相悖，不利于行业的创新与发展。

同时，技艺持有者与学习者的关系通常比较松散，这种情况不利于核心技艺的完整传承，甚至可能会致使原有的核心技艺分裂或缺失。以"沈绍安脱胎器"技艺的传承为例，20世纪中期的公私合营背景之下，"沈绍安脱胎器"结束传统的家族式传承方式，与别的脱胎器作坊合并为福州第一、第二脱胎器厂。传统技艺持有人公开传授私有的技艺，打破以家族为传承范围的状态。"打破常规、办速成班"成为新风气，新入行的人员用短短半年不到的时间就可以完成原来近三年的学习任务，解决了当时生产中人手不足、产品供不应求的现状。80年代其生产销售曾达到顶峰，但是好景不长，全面开放技艺的良好局面并没有持久，技艺在广泛而普遍的传承过程当中逐渐失真，各类问题逐渐显露出来。随着原有艺人相继离世，产品质量每况愈下，甚至出现部分技艺失传的局面。90年代，国有脱胎器厂宣告解体。这一案例表明，技艺传承并非仅仅是知识的传递，更需要师徒之间建立起深厚的传承关系，才能保证技艺的完整性和延续性。快速传播的模式虽然能在短期内解决燃眉之急，也可能导致技艺的失真和消亡。（图4-11、图4-12）

图4-11 传承人沈绍安

图4-12 黄鹏，《熠》，"沈绍安杯"国际漆艺大赛获奖作品

（3）学院式传承的代表性人物

刘比建是中国工艺美术界的杰出代表，被授予中国工艺美术大师与高级工艺美术师的荣誉。他深耕工艺美术领域四十余载，专注于楚漆礼器与漆木类古乐器的探索与复原，是武汉楚漆古乐器"非遗"项目不可或缺的传承者。其设立的工作室，成为湖北省博物馆古漆木器与古乐器实践的重要基地。

自幼年起，刘比建便踏入民族乐器制造的殿堂，从学徒做起，一步步攀登技艺的高峰。二十二岁那年，他凭借出色的才华与不懈的努力，成功入选湖北省随州擂鼓墩古乐器复制项目组，自此，他的人生便与这些古老而神秘的"乐器精灵"紧密相连。四十余年的时光里，他孜孜不倦地研究楚漆礼器与漆木类古乐器的出土文物，致力于修复与复制工作，取得了令人瞩目的成就。

楚漆器的制备技艺，有着文化、艺术、工艺、音乐发声原理及材料制备等多方面的深厚底蕴，具有极高的研究价值。刘比建在这一领域不仅有着深厚的理论基础，更将理论知识转化为实践成果，多次在制作中取得突破。他的坚持与专注，让他在楚漆礼器与漆木类古乐器研究领域内独树一帜，成为业内的领军人物。

近年来，刘比建在湖北省博物馆的漆器文物修复与复制工作中大放异彩。他依据考古发掘的楚瑟实物，结合现代筝的结构特点，精心制作了仿二十五弦楚瑟。这款乐器不仅外观精美，而且功能完善，能够演奏出丰富的琶音、和音、和弦及快速旋律，同时还具备揉音、滑音等技巧，展现出独特的音乐魅力。在湖北省歌舞团的编钟乐舞演出中，这款仿制楚瑟更是大放异彩，为观众带来了前所未有的音乐体验。

刘比建的作品在国内外工艺美术领域屡获殊荣，其中五项作品荣获国内工艺美术类最高奖项——百花奖（政府类奖项）金奖。他的作品锦琴系列更是备受瞩目，赢得了广泛的赞誉。

刘比建及团队秉承传统工艺的精神内核，不断创新与突破，为楚漆艺及漆木古乐器领域的发展注入了新的活力。他们致力于将这一古老而神秘的艺术形式传承下去并发扬光大，为中华文化的传承与发展贡献自己的力量。（图4-13～图4-16）

图 4-13 "唐韵天歌"琵琶
材质：大漆、楠木、樟木
尺寸：155厘米×100厘米×75厘米
创作年份：2016年
作品阐述：灵感来源于四大金刚中手持琵琶的持国天王。用楚式漆艺讲述一个唐代的故事，并命名为"唐韵天歌"。楚文化构图中常采用的夸张、变形、交错、对称的特点与敦煌壁画中人物妖娆多姿的神相结合。在色彩的选择上，用黑色做底，多色线条变化，使整个作品既庄重大气又动感明亮。

图 4-14 九连墩漆木十弦琴复制品
材质：大漆、楠木、樟木
尺寸：67 厘米 ×19 厘米 ×11.4 厘米
创作年份：2017 年
作品阐述：九连墩漆木十弦琴琴身分为音箱和尾板两部分，面板呈曲线状。琴头部分微微向上抬起，中间区域稍许下凹，末尾部分与琴头首尾呼应，其下有拴弦柱。琴身有多条龙浮雕，表面黑漆上有朱红色彩绘纹饰。全器造型以龙形为载体，或抽象或写实。该器物浮雕错落有序，髹漆彩绘精湛。

图 4-15 曾侯乙古瑟复制品
材质：大漆、樟木
尺寸：167.3 厘米 ×42.2 厘米 ×25.5 厘米
创作年份：2019 年
作品阐述：锦瑟的长度、尺寸完全按原型制作。曾侯乙锦瑟是一件古老弹拨乐器，属高端祭祀专用礼器。通身髹朱漆，饰纹繁复深邃，特别是该器尾部精美的浮雕赋予其丰富的文化内涵，中心双龙曲身，吻部相对。两侧小龙缠绕勾连，曼妙有趣。该器在朱漆上施彩，图案诡谲，让通天之意悠扬传神，给这款礼器赋予了生命的活力。

图 4-16 虎座鸟架鼓复制品
材质：大漆、樟木、瓦灰
尺寸：138 厘米 ×138 厘米 ×38 厘米（鼓径 60 厘米）
创作年份：2019 年
作品阐述：此件虎座鸟架鼓，以两只昂首卷尾、四肢屈伏、背向而踞的卧虎为底座；虎背上各立一只长腿、昂首、引吭高歌的鸣凤；背向而立的鸣凤中间，一面大鼓用红绳带悬于凤冠之上。通体以黑漆为底，以红、黄、金、蓝等色绘出虎斑和凤羽。全器造型逼真，彩绘绚丽辉煌，既是乐器，也是艺术佳作。在这凤与虎的组合形象中，凤高大轩昂、傲视苍穹，虎却矮小瑟缩、趴伏于地，反映了楚人尊崇鸣凤、向往美好的愿望和征服猛兽、不畏强暴的精神。

楚木胎漆乐器工艺，这一承载着深厚历史文化底蕴的瑰宝，其保护与传承之路虽已迈出坚实步伐，但前方依旧挑战重重，可谓任重而道远。保护传承好楚木胎漆乐器工艺，不仅是对中华民族悠久历史文化的深情致敬与深切尊重，更是对中华民族精神血脉的坚定传承与大力弘扬。

在历史的长河中，楚木胎漆乐器以其独特的艺术魅力和精湛的工艺，成为中华民族文化宝库中的一颗璀璨明珠。然而，随着时代的变迁和现代化进程的加速，这一传统工艺正面临前所未有的生存危机。技艺传承的断层、市场需求的萎缩、设计原创性的欠缺等问题，无一不在考验着楚木胎漆乐器工艺的生存与发展。

为了有效应对这些挑战，相关部门应采取更加积极有效的措施，为楚木胎漆乐器工艺的发展提供有力保障与规范引导。首先，应制定并实施一系列相关法律政策，明确保护对象、保护范围和保护措施，为传统工艺的传承与发展提供坚实的法律支撑。同时，应加大对违法行为的打击力度，维护良好的市场秩序，为传统工艺的发展创造公平、公正的竞争环境。

在保护与传承的过程中，民间艺术的研究与保护同样至关重要。民间艺术是传统文化的重要组成部分，蕴含着丰富的历史信息和文化内涵。深入挖掘和整理民间艺术资源，可以为楚木胎漆乐器工艺的创新与发展提供源源不断的灵感和素材。因此，应积极营造宽松的创作与交流环境，鼓励艺术家们大胆创新、勇于实践，推动楚漆产品的市场化与文旅化进程。这不仅可以提升楚漆产品的经济价值，还可以让更多的人了解和认识这一传统工艺，从而进一步弘扬中华民族的文化精神。在楚木胎漆乐器的制作过程中，传承与创新是密不可分的两个方面。一方面，工匠们严格遵守传统制作技艺的规范，从选材、制作到装饰，每一步都力求精准、细致，确保漆器的传统韵味和品质。另一方面，他们积极引入现代科技手段和设计理念，对传统工艺进行改良和创新，使漆器在保持传统风格的同时，更加符合现代人的审美需求和生活方式。

在传承方式上，传统师徒传授的方式固然重要，但已难满足现代社会的需求。因此，应在传统师徒传授的基础上，进一步推广学院教育和基地建设等多种模式。学院教育可以为学生提供系统的理论知识和专业技能培训，为他们未来的职业发展打下坚实的基础。基地建设则可以为艺术家们提供一个展示才华、交流经验的平台，促进传统工艺与现代设计的融合与创新。这些多元化的传承方式，可以培养更多具有创新精神和实践能力的专业人才，为楚木胎漆乐器工艺的绵延不绝与繁荣发展注入新的活力。

此外，还应加强与国际社会的交流与合作。楚木胎漆乐器工艺作为中华民族的文化瑰宝，具有独特的艺术魅力和文化价值。通过与国际社会的交流与合作，可以让更多的人了解和认识这一传统工艺，从而进一步提升其国际影响力和知名度。同时，也可以借鉴国际上的先进经验和技术手段，为楚木胎漆乐器工艺的创新与发展提供新的思路和方向。

综上所述，楚木胎漆乐器工艺的保护与传承是一项长期而艰巨的任务。只有全社会共同努力、齐心协力，才能为这一传统工艺的发展创造更加美好的明天。让我们携手并进、共同努力，为传承和弘扬中华民族的文化精神贡献自己的力量！

参考文献

1. 专著

[1] 班固. 白虎通义 [M]. 上海：上海书店出版社，2018.

[2] 班固. 汉书 [M]. 北京：中华书局，1962.

[3] 陈立. 白虎通疏证 [M]. 北京：中华书局，1994.

[4] 王先慎. 韩非子集解 [M]. 北京：中华书局，1998.

[5] 郝懿行. 郝懿行集 [M]. 安作璋，主编. 济南：齐鲁书社，2010.

[6] 黄成. 髹饰录图说 [M]. 济南：山东画报出版社，2007.

[7] 李步嘉. 越绝书校释 [M]. 北京：中华书局，2018.

[8] 李泽厚. 美的历程 [M]. 北京：文物出版社，1981.

[9] 何宁. 淮南子集释 [M]. 北京：中华书局，1998.

[10] 张盈盈. 皖籍思想家文库·嵇康卷 [M]. 刘飞跃，主编. 合肥：安徽人民出版社，2021.

[11] 刘师培. 刘师培清儒得失论 [M]. 长春：吉林出版集团股份有限公司，2017.

[12] 刘向. 战国策 [M]. 王华宝，注译. 武汉：长江文艺出版社，2019.

[13] 罗新璋. 古文大略 [M]. 上海：复旦大学出版社，2012.

[14] 聂崇义. 新定三礼图 [M]. 北京：中华书局，1992.

[15] 阮元. 十三经注疏 [M]. 方向东，点校. 北京：中华书局，2021.

[16] 司马迁. 史记 [M]. 北京：中华书局，1982.

[17] 宋应星. 天工开物 [M]. 长沙：岳麓书社，2022.

[18] 孙诒让. 周礼正义 [M]. 北京：中华书局，2013.

[19] 田芝翁. 太古遗音 [M]. 古琴文献研究室，编. 杭州：西泠印社出版社，2020.

[20] 脱脱等. 宋史 [M]. 北京：中华书局，1985.

[21] 王弼. 老子道德经注释 [M]. 楼宇烈，注释. 北京：中华书局，2008.

[22] 应劭. 风俗通义校注 [M]. 撰，王利器，校注. 北京：中华书局，1981.

[23] 王世襄. 髹饰录解说 [M]. 上海：生活·读书·新知三联书店，2013.

[24] 王世襄. 髹饰录解说·中国传统漆工艺研究 [M]. 北京：文物出版社，1998.

[25] 王世襄. 髹饰录解说·中国古代漆器 [M]. 上海：生活·读书·新知三联书店，2015.

[26] 王先慎. 荀子集解 [M]. 北京：中华书局，1988.

[27] 魏徵. 隋书 [M]. 北京：中华书局，1973.

[28] 许慎. 说文解字 [M]. 北京：中华书局，2013.

[29] 袁珂. 中国神话传说词典 [M]. 上海：上海辞书出版社，1985.

[30] 张正明. 楚文化史 [M]. 上海：上海人民出版社，1987.

[31] 张紫晨. 中外民俗学词典 [M]. 杭州：浙江人民出版社，1991.

[32] 赵希鹄等. 洞天清录 [M]. 杭州：浙江人民美术出版社，2016.

[33] 周振甫. 诗经译注 [M]. 北京：中华书局，2010.

[34] 周振甫. 文心雕龙今译 [M]. 北京：中华书局，2013.

[35] 桓谭. 新辑本桓谭新论 [M]. 撰，朱谦之，校辑. 北京：中华书局，2009.

[36] 朱熹. 楚辞集注 [M]. 长沙：岳麓书社，2013.

[37] 左丘明. 春秋左传集解 [M]. 南京：凤凰出版社，2020.

[38] 萧涤非等. 唐诗鉴赏辞典 [M]. 上海：上海辞书出版社，1999.

[39] 胡厚宣. 楚民族源于东方考 [M]. 北京：北京大学潜社，1934.

[40] 董楚平. 楚辞译注 [M]. 上海：上海古籍出版社，1986.

[41] 王文锦. 礼记译解 [M]. 北京：中华书局，2016.

[42] 宋衷注. 世本八种 [M]. 北京：中华书局，2008.

2. 论文

[43] 梁玉. 关于曾侯乙镈钟的几点思考 [J]. 黄河之声，2021(16).

[44] 马玉香. 论建鼓的历史文化意义 [J]. 兰州教育学院学报，2013(8).

[45] 徐良高. 中国三代时期的文化大传统与小传统——以神人像类文物所反映的长江流域早期宗教信仰传统为例 [J]. 考古，2014(9).

[46] 薛富兴. 先秦美学的历史进程 [J]. 云南大学学报（社会科学版），2004(6).

[47] 杨逢彬. 关于殷墟甲骨刻辞的形容词 [J]. 古汉语研究，2001(1).

[48] 张旦丹. 汉代琴学在中国琴史中的地位及影响 [J]. 江西教育学院学报，2008(5).

[49] 张飞龙. 乐心道志：先秦礼乐文化中的髹漆乐器 [J]. 中国生漆，2015(1).

[50] 张新斌. 再论朱襄氏 [J]. 中州学刊，2014(11).

[51] 张振涛. 一鼓立中国 [J]. 读书，2019(8).

[52] 张正明. 巫、道、骚与艺术 [J]. 文艺研究，1992(2).

[53] 赵德祥. 当阳曹家岗 5 号楚墓 [J]. 考古学报，1988(4).

[54] 郑威，易德生. 从"楚国之楚"到"三楚之楚"：楚文化地理分区演变研究 [J]. 江汉论坛，2017(4).

[55] 史会丽. 曾侯乙墓漆器纹样的审美研究 [D]. 西安：陕西师范大学，2017.

[56] 蔡靖泉. 炎帝·颛顼·祝融——楚人始祖论 [J]. 江汉论坛，2014(12).

[57] 曹锦炎. "曾""随"二国的证据——论新发现的随仲嬭加鼎 [J]. 江汉考古，2011(4).

[58] 陈亚凡. 从血缘关系代际传承方式看传统手工艺的发展要点 [J]. 美术观察，2016(4).

[59] 黄新媚. 浅谈巫到乐官 [J]. 北方音乐，2014(2).

[60] 李英健，胡汉志. 金丝楠考辨 [J]. 中国木材，2010(2).

后记

  在教育部和湖北美术学院的大力支持下，楚木胎漆乐器制备工艺研究课题已成功完成，历时五年之久。在此期间，研究团队致力于对楚木胎漆器及漆乐器的第一手资料进行全面搜集、系统整理与深入分析。为达成这一目标，团队成员克服重重困难，深入湖北荆州、荆门等地区，开展广泛的田野考察工作。在研究过程中，团队多次前往湖北省博物馆、荆州博物馆、荆门博物馆以及北京故宫博物院、浙江省博物馆、河南省博物院、湖南省博物馆等国内重要文博单位，进行深入的调研与考察，依据保存完好的历史文物，进一步提炼和归纳漆乐器的物质特性与精神价值。

  除了收集丰富的文本与图片资料外，研究团队还实地走访了二十余位民间艺人，记录整理了超过三百分钟的音像资料，为楚木胎漆乐器制备工艺的研究提供了生动而宝贵的实证。这些成果的取得，离不开各位专家的悉心指导与大力支持，他们为课题注入了鲜活的灵魂与深刻的内涵。

　　千淘万漉，吹尽狂沙。楚木胎漆乐器课题的相关研究成果现已汇编成册，形成了一份较为系统的课题报告，为楚漆乐器研究领域贡献新的力量。在此，我们衷心感谢相关政府部门、学校、学界专家；感谢湖北省工艺美术大师及制作传承人刘比建先生的支持与帮助，他为本课题提供了大量的图片与制作演示；特别感谢视觉艺术设计学院一年级研究生"荆楚物质文化寻源"课题小组的刘旸、项萌、徐泽平、叶子行、汪婧婕等同学付出的努力与汗水；感谢艺术教育学院王家欢博士的鼎力支持；感谢课题小组成员的团结协作与辛勤付出。我们将铭记这些支持与帮助，继续前行在保护与传承非物质文化遗产的道路上。

版权所有　侵权必究

图书在版编目（CIP）数据

楚木胎漆古乐器制备工艺研究 / 王灵毅著. -- 武汉：湖北美术出版社，2025.5. -- (艺术与技艺考丛书).
ISBN 978-7-5712-2443-1

Ⅰ.K875.5

中国国家版本馆CIP数据核字第2024450S98号

楚木胎漆古乐器制备工艺研究
CHU MU TAI QI GU YUEQI ZHIBEI GONGYI YANJIU

策　　划：张　浩
特约编辑：余紫阳
责任编辑：卢卓瑛
技术编辑：吴海峰
责任校对：周嘉欣
书籍设计：张　禹　俞诗恒

出版发行：长江出版传媒 湖北美术出版社
地　　址：武汉市洪山区雄楚大街268号湖北出版文化城B座
电　　话：（027）87679525 87679918
邮政编码：430070
印　　刷：武汉精一佳印刷有限公司
开　　本：787mm×1092mm 1/16
印　　张：12.25
版　　次：2025年5月第1版
印　　次：2025年5月第1次印刷
定　　价：98.00元